O MUNDO AMARELO

ALBERT ESPINOSA

O MUNDO AMARELO

Tradução
Sandra Martha Dolinsky

1ª edição

Rio de Janeiro-RJ / Campinas-SP, 2013

Editora: Raïssa Castro
Coordenadora Editorial: Ana Paula Gomes
Copidesque: Maria Lúcia A. Maier
Revisão: Gabriela Lopes Adami
Capa: Adaptação da edição inglesa (© Jon Gray / gray318)
Projeto Gráfico: André S. Tavares da Silva

Título original: *El mundo amarillo*

ISBN: 978-85-7686-240-6

Copyright © Albert Espinosa, 2008
Copyright © Random House Mondadori S.A., 2008
Todos os direitos reservados.
Edição publicada mediante acordo com Random House Mondadori SA
por intermédio de Adriana Navarro Literay Agency.

Tradução © Verus Editora, 2013
Direitos reservados em língua portuguesa, no Brasil, por Verus Editora. Nenhuma parte desta obra pode ser reproduzida ou transmitida por qualquer forma e/ou quaisquer meios (eletrônico ou mecânico, incluindo fotocópia e gravação) ou arquivada em qualquer sistema ou banco de dados sem permissão escrita da editora.

Verus Editora Ltda.
Rua Benedicto Aristides Ribeiro, 55, Jd. Santa Genebra II, Campinas/SP, 13084-753
Fone/Fax: (19) 3249-0001 | www.veruseditora.com.br

CIP-BRASIL. CATALOGAÇÃO NA FONTE
SINDICATO NACIONAL DOS EDITORES DE LIVROS, RJ

E77m

Espinosa, Albert, 1973-
  O mundo amarelo / Albert Espinosa ; tradução Sandra Martha Dolinsky. - 1. ed. - Campinas, SP : Verus, 2013.
  21 cm.

Tradução de: El mundo amarillo
ISBN 978-85-7686-240-6

1. Espinosa, Albert, 1973- 2. Câncer - Pacientes - Biografia. I. Título.

13-01073
CDD: 927.92
CDU: 929:792.071.2

Revisado conforme o novo acordo ortográfico

SUMÁRIO

Prólogo comemorativo pelas trinta e cinco edições
de O *mundo amarelo*..9

Prólogo: Cuidado, este livro é Albert;
se entrar aqui, não vai querer sair......................................11

Minha inspiração...15

O porquê deste livro..17

PARA COMEÇAR...
O MUNDO AMARELO

Onde nasce?..21

O que é o mundo amarelo?...24

PARA PROSSEGUIR...
LISTA DE DESCOBERTAS PARA TORNAR SEU MUNDO AMARELO

Primeira descoberta: "As perdas são positivas".................29

Segunda descoberta: "Não existe a palavra dor"..............34

Terceira descoberta: "As energias que aparecem depois dos
trinta minutos são as que resolvem o problema"..............39

Quarta descoberta: "Faça cinco boas perguntas por dia"...43

Quinta descoberta: "Mostre-me como
você anda e lhe mostrarei como ri" 47

Sexta descoberta: "Quando você está doente, as pessoas
fazem um controle de sua vida, um histórico médico.
Quando você está vivendo, deveria manter outro:
um histórico de vida"..51

Sétima descoberta: "Existem sete
conselhos para ser feliz"..56

Oitava descoberta: "Aquilo que você
mais esconde é o que mais mostra de você"..................60

Nona descoberta: "Junte os lábios e sopre".......................63

Décima descoberta: "Não tenha medo
de ser a pessoa em que se transformou"........................66

Décima primeira descoberta:
"Encontre o que gosta de olhar e olhe" 70

Décima segunda descoberta:
"Comece a contar a partir do seis" 73

Décima terceira descoberta: "A busca do sul e do norte" ...77

Décima quarta descoberta: "Escute a si mesmo irritado"...79

Décima quinta descoberta: "Bata punhetas positivas" 81

Décima sexta descoberta: "O difícil não é aceitar
como somos, mas como são as outras pessoas".............83

Décima sétima descoberta: "O poder dos contrastes".......85

Décima oitava descoberta: "Hiberne por vinte minutos" ...89

Décima nona descoberta: "Procure seus
colegas de quarto de hospital fora dele".........................92

Vigésima descoberta: "Quer tomar um *REM* comigo?".....97

Vigésima primeira descoberta:
"O poder da primeira vez" 100

Vigésima segunda descoberta:
"Truque para não se irritar jamais"...........................103

Vigésima terceira descoberta: "Grande truque
para saber se você ama alguém" 106

Vinte e três descobertas que serviram para enlaçar duas
idades: dos catorze aos vinte e quatro anos 108

PARA VIVER...
OS AMARELOS

Os amarelos...113

Como encontrar os amarelos e como distingui-los..........129

Bateria de perguntas amarelas...137

Conclusões sobre os amarelos 145

E DESCANSAR...
O FIM AMARELO

O fim amarelo 151

Epílogo 159

PRÓLOGO COMEMORATIVO
PELAS TRINTA E CINCO EDIÇÕES DE
O MUNDO AMARELO

Quando comentaram comigo que, entre todos os formatos, havíamos chegado às trinta e cinco edições deste livro que está em suas mãos, não pude acreditar. Eis que este mundo amarelo não parou de crescer desde que o escrevi, e de me dar alegrias e felicidade. A alegria e a felicidade de sentir a energia positiva de tanta gente que me escreveu depois de lê-lo e as incríveis e deliciosas histórias que me contaram sobre seus amarelos e sobre parte de sua vida.

Este prólogo que acompanha esta nova capa será curto, apenas umas linhas de meu hoje. Hoje que é terça-feira, que é verão, que choveu, que dormi pouco, que senti que minha vida girava novamente, que ganhava uma nova dimensão perto de Garraf e que continuo amando poderosamente essa frase que acompanha o título: "Se acreditar nos sonhos, eles se criarão". Continuem crendo... Continuem criando.

Desejo apenas acrescentar que continuo amando muito *O mundo amarelo*. Foi e sempre será meu primeiro livro, e, como o primeiro filho, tem algo de especial que sempre me unirá a ele.

Obrigado a todos que leram, deram de presente, gostaram e sentiram este livro. Vocês são os verdadeiros responsáveis por ele ainda estar visível nas livrarias e por continuar sendo reeditado.

O poder dos amarelos, o poder de vocês, é imenso. Obrigado.

Albert
Verão de 2011 (terça-feira... julho... casa)

PRÓLOGO
CUIDADO, ESTE LIVRO É ALBERT; SE ENTRAR AQUI, NÃO VAI QUERER SAIR

Albert tem o espírito curioso de Sherlock Holmes e a aparência de Watson. Seu perfeito desalinho no vestir nos faz suspeitar se o preparou antes de sair de casa. Ele é estranho até para ficar bonito.

Um de seus *hobbies* preferidos é olhar. Entra sem pedir licença pelas janelas dos olhos da gente e obtém toda a informação de que necessita. Seu sensor emocional é quase infalível e penetra o ser humano, com a facilidade dessas maquininhas de supermercado que sabem o preço do produto só de ler o código de barras. Quando acerta, sabe de nós muito mais que nós mesmos.

Albert ganhou várias batalhas contra a morte, por isso suas histórias transbordam tanta vida. É hiperativo, prefere perder sono a perder experiências. Sua velocidade mental é vertiginosa. Se quiser lhe contar alguma coisa, tem que ser muito bom ou muito rápido.

Se desejar captar seu interesse, não lhe conte sua vida, deixe que ele a descubra. É outro de seus *hobbies* preferidos.

Adora provocar, mas o faz com a intenção de normalizar. Aplicou-me um teste para seu último filme: *No me pidas que te bese porque te besaré,* no qual tínhamos uma sequência em uma piscina fictícia. Eu havia acabado de conhecê-lo. De repente, arrancou a prótese ortopédica, a perna mecânica. Fez isso com tanta normalidade que peguei a minha para ver se podia fazer o mesmo. Foi um ato histérico, eu tentava aparentar normalidade, mas a cena me chocou. Ele percebeu, e, com a mesma normalidade com que havia tirado a perna esquerda, começou a me falar de um dos temas mais recorrentes em seu filme/vida: o universo das bronhas. Conectamo-nos de imediato. Esqueci o teste, esqueci a perna, esqueci que ele era o diretor e encontrei um colega que falava de sensações que eu compartilhava.

Aparenta trinta anos, mas está há mais de quinze repetindo adolescência. Por isso seu frescor. Por isso sua limpeza. Por isso continua pensando que o que se pode imaginar pode ser feito.

Albert é poderoso porque nunca se rende. E, como último recurso, negocia: troca perna e pulmão por vida. Aprendeu a perder com o único objetivo de ganhar. E fica mais forte. E sai para se saciar de vida. E escreve peças de teatro, longas-metragens, séries de televisão, romances... e usa com maestria o humor para nos contar um drama. E junta a realidade mais próxima com nossos sonhos mais distantes. E vem nos dizer que a única desvantagem é a emocional, e que vivemos em uma sociedade que não compartilha sentimentos.

Albert fala de um mundo ao alcance de todos e que tem a cor do sol: *o mundo amarelo*. Um lugar caloroso onde os beijos podem durar dez minutos, onde os desconhecidos podem ser seus melhores aliados, onde o contato físico perde sua conotação sexual, onde o carinho é algo tão corriqueiro quanto comprar pão, onde o medo perde seu significado, onde a morte não é isso que só acontece com os outros, onde a vida é o bem mais valioso, onde tudo está onde queremos que esteja.

Este livro fala de tudo isso, de tudo que sentimos e não dizemos, do medo de que nos tirem o que temos, de nos reconhecermos inteiramente e de apreciar quem somos a cada segundo do dia. Longa vida a Albert!

Eloy Azorín,
ator

MINHA INSPIRAÇÃO

Gabriel Celaya era engenheiro industrial e poeta. Eu sou engenheiro industrial e roteirista. Ambos somos também canhotos. Há algo em seu poema "Autobiografía" que me prende até a medula e me toca o esôfago. E acho que é porque nesse poema ele criou seu mundo. Seu mundo, o "mundo Celaya". Não há nada que me atraia mais do que pessoas que criam mundos.

Esse poema é composto por proibições, proibições que criam uma vida. Proibições que marcaram sua vida. De alguma maneira, se tirássemos essas proibições, encontraríamos seu mundo. O que ele pensa que deveria ser seu mundo. É um monte de "nãos" que excluem o que não é desejado para encontrarmos um monte de "sins". Gosto dessa maneira de ver a vida.

Como ele fez em "Autobiografía", tentarei dividir este início do livro em: "Para começar", "Para prosseguir", "Para viver" e "Descansar". Serão quatro blocos que, como ele predisse, formam o que é a vida de qualquer um de nós.

Caso não conheçam o poema, a seguir poderão desfrutá-lo:

Autobiografía*

No cojas la cuchara con la mano izquierda.
No pongas los codos en la mesa.
Dobla bien la servilleta.
Eso, para empezar.

Extraiga la raíz cuadrada de tres mil trescientos trece.
¿Dónde está Tanganika? ¿Qué año nació Cervantes?
Le pondré un cero en conducta si habla con su compañero.
Eso, para seguir.

¿Le parece a usted correcto que un ingeniero haga versos?
La cultura es un adorno y el negocio es el negocio.
Si sigues con esa chica te cerraremos las puertas.
Eso, para vivir.

No seas tan loco. Sé educado. Sé correcto.
No bebas. No fumes. No tosas. No respires.
¡Ay sí, no respires! Dar el no a todos los "no"
y descansar: Morir.

— Gabriel Celaya

---

* "Não pegue a colher com a mão esquerda./ Não ponha os cotovelos na mesa./ Dobre bem o guardanapo./ Isso, para começar.// Extraia a raiz quadrada de três mil trezentos e treze./ Onde fica Tanganika? Em que ano nasceu Cervantes?/ Lhe darei um zero de comportamento se falar com seu colega./ Isso, para prosseguir.// Acha correto que um engenheiro faça versos?/ A cultura é um enfeite e o negócio é o negócio./ Se continuar com essa garota lhe fecharemos as portas./ Isso, para viver.// Não seja tão louco. Seja educado. Seja correto./ Não beba. Não fume. Não tussa. Não respire./ Ah, sim, não respire! Dar o não a todos os "nãos"/ e descansar: Morrer." (N. da T.)

O PORQUÊ DESTE LIVRO

Sempre desejei falar do mundo amarelo, do que eu chamo de meu mundo, o mundo que habito. Se algum dia vir algum filme meu, ler algum roteiro meu, reparar em algum personagem criado por mim, encontrará parte desse mundo amarelo. E esse é o mundo que me faz feliz. O mundo no qual gosto de viver.

Sempre quis escrever um livro, mas só me ofereciam livros sobre "Como superar o câncer" ou "Como sobreviver ao câncer". Livros que eu não tinha interesse em escrever. O câncer não precisa de um livro para vencê-lo, acho que escrever um livro assim seria uma total falta de respeito para com aqueles que lutam contra o câncer e todas as pessoas que conheci durante meus anos no hospital. Não há truques para vencer o câncer, não há nenhuma estratégia secreta. Você apenas deve escutar sua força, criar sua luta e deixar-se guiar.

Por isso, parece-me mais interessante fazer um livro sobre o que o câncer me ensinou e como isso pode ser aplicado à vida diária. E é o que tentarei contar em *O mundo amarelo*.

Acredito, sem dúvida, que o câncer está vivo e lutar contra ele faz com que você quebre muito a cabeça e aprenda grandes lições. Depois, você se cura e encontra de novo a vida, onde pode aplicar essas lições.

Este não é um livro de autoajuda; não acredito muito na autoajuda. É apenas um livro no qual reúno experiências que me serviram.

E, acima de tudo, é um livro para falar dos "amarelos", do conceito amarelo. Espero e desejo que, lendo este livro, você passe a procurar seus amarelos. Para mim, essa seria a melhor recompensa.

É verão, um verão não muito quente. É noite, uma noite não muito fechada. Estou com a perna eletrônica colocada (a de andar em casa). Estou bebendo um copo bem gelado de Coca-Cola e sei que é hora de começar a plasmar no papel este mundo amarelo.

E, depois disso, acrescento que é final de setembro (estou fazendo a revisão do texto). Está frio, chovendo, e estou no meio da filmagem do curta *Destination Ireland*, do mestre Carlos Alfayate. Sinto que o tempo corre, e cada dia está mais perto o nascimento do livro.

Espero que ele nos una como amarelos. Para qualquer sugestão, desejo ou busca, você pode me encontrar em albert19@telefonica.net

Albert Espinosa,
julho-setembro de 2007

PARA COMEÇAR...
O MUNDO AMARELO

No cojas la cuchara con la mano izquierda.
No pongas los codos en la mesa.
Dobla bien la servilleta.
Eso, para empezar.

— Gabriel Celaya

ONDE NASCE?

Bem, nasce do câncer. Gosto da palavra câncer. Gosto até da palavra tumor. Pode parecer macabro, mas é que minha vida esteve unida a essas duas palavras. E nunca senti nada horrível ao dizer câncer, tumor ou osteossarcoma. Criei-me ao lado delas e gosto de pronunciá-las em voz alta, proclamá-las aos quatro ventos. Acredito que enquanto você não as pronunciar, enquanto não as tornar parte de sua vida, dificilmente poderá aceitar o que tem.

É por isso que é necessário que neste primeiro capítulo eu fale do câncer, porque nos seguintes utilizaremos os ensinamentos do câncer para sobreviver à vida. De modo que me centrarei primeiro nele e em como me afetou.

Eu tinha catorze anos quando fui internado no hospital pela primeira vez. Tinha um osteossarcoma na perna esquerda. Abandonei o colégio, abandonei tudo ao meu redor e comecei minha vida no hospital.

Tive câncer durante dez anos, dos catorze aos vinte e quatro. Isso não significa que passei dez anos internado, mas que estive por dez anos visitando diversos hospitais para me curar de quatro cânceres: perna, perna (a mesma do primeiro câncer), pulmão e fígado.

No caminho, deixei uma perna, um pulmão e um pedaço de fígado. Mas, devo dizer, neste exato momento, que fui feliz com câncer. Recordo tudo como uma das melhores épocas da minha vida.

Pode chocar ver essas duas palavras juntas: feliz e câncer. Mas foi assim. O câncer me tirou coisas materiais: uma perna, um pulmão, um pedaço de fígado, mas me permitiu conhecer muitas outras coisas que jamais poderia ter descoberto sozinho.

O que o câncer pode nos dar? Acredito que a lista é interminável: saber quem somos, saber como são as pessoas que nos cercam, conhecer nossos limites e, acima de tudo, perder o medo da morte. Talvez isso seja o mais valioso.

Um dia, fiquei curado. Eu tinha vinte e quatro anos e me disseram que não precisava voltar ao hospital. Fiquei petrificado. Foi estranho. O que eu melhor sabia fazer na vida era lutar contra o câncer, e, de repente, me diziam que eu estava curado. A estranheza (ou atordoamento) durou seis horas, depois fiquei louco de alegria; não voltar a um hospital, não voltar a fazer radiografias (acho que tirei mais de duzentas e cinquenta), não mais exames de sangue, fim dos controles. Era como um sonho que se tornara realidade. Era absolutamente incrível.

Pensei que em poucos meses esqueceria o câncer. Teria uma "vida normal". O câncer seria apenas uma época da minha vida. Mas, em vez disso (nunca o esqueci), aconteceu algo inesperado: jamais imaginei quanto me ajudariam os ensinamentos do câncer na vida diária.

PARA COMEÇAR...

É, sem dúvida, o grande legado que o câncer me deixou. Ensinamentos (para chamá-los de algum modo, embora prefira, talvez, a palavra descobertas) que ajudam minha vida a ser mais fácil, a ser mais feliz.

O que explicarei neste livro se resume em como aplicar na vida diária o que aprendi com o câncer. Sim, exatamente. Pensando bem, poderia se intitular: *Como sobreviver à vida com a ajuda do câncer.* Talvez chegue a ser o subtítulo do livro. Soa estranho, soa exatamente o contrário da maioria dos livros que se costumam escrever, mas é assim. A vida é paradoxal; adoro as contradições. Quero enfatizar que o livro é um compêndio do que aprendi com o câncer e também das descobertas que amigos meus, que também lutaram contra essa doença, me mostraram.

Os colegas de quarto são muito importantes. Todos nós, os garotos que tínhamos câncer, conhecidos como *Pelones*, tínhamos até um pacto, um pacto de vida: dividíamos entre nós a vida dos que morriam. Um pacto inesquecível, bonito. De alguma maneira, desejávamos viver nos outros, ajudá-los a lutar contra o câncer.

Sempre acreditamos que os que morriam haviam debilitado um pouco mais o câncer e faziam com que, para os que sobreviviam, fosse mais fácil ganhar. Durante os dez anos de câncer, couberam a mim 3,7 vidas. De modo que este livro foi escrito por 4,7 pessoas (as 3,7 vidas alheias e a minha própria). Nunca esqueço essas 3,7 vidas e sempre tento lhes fazer justiça. Se às vezes é complicado viver uma vida, imagine a responsabilidade de viver 4,7 vidas!

Bem, até aqui, o câncer e eu. Gosto do jeito como o resumi, estou satisfeito. O início está contado. Agora, vamos prosseguir com o mundo amarelo.

O QUE É O MUNDO AMARELO?

Aposto que você está se perguntando isso desde que comprou este livro de cor amarela (eu agora o vejo amarelo; vamos ver o que acontece até quando for publicado; talvez a capa acabe sendo parda, ou laranja), ou quem sabe desde que ouviu em algum programa de rádio que alguém falava sobre os amarelos, e algo do que escutou o fez ir comprar este exemplar.

O mundo amarelo é o nome que dei a uma forma de viver, de ver a vida, de se nutrir das lições que se aprendem nos momentos ruins e nos bons. O mundo amarelo é feito de descobertas — acima de tudo, de descobertas amarelas, que lhe dão o nome. Mas já vamos chegar aí, calma.

O que posso garantir é que nesse universo não há regras. Qualquer mundo é regido por regras, mas o mundo amarelo não as tem. Não gosto de regras, por isso jamais desejei que meu mundo as tivesse. Seria uma incongruência. Não acredito que sejam necessárias; não servem para nada, só existem para ser burladas. Nada do que nos dizem que é sagrado nesta vida acredito que seja. Nada do que dizem que é o correto acredito que seja. Tudo tem dois lados, tudo tem duas maneiras de se ver.

PARA COMEÇAR...

Eu sempre acreditei que o mundo amarelo é o mundo em que realmente estamos. O mundo que nos mostram os filmes, o do cinema, é um mundo criado por clichês que não são verdade, e acabamos pensando que o mundo é assim. Ensinam-nos como é o amor, e depois nos apaixonamos, e não é como nos filmes. Ensinam-nos como é o sexo, e depois fazemos sexo e também não se parece ao dos filmes. Até nos ensinam como são os términos dos relacionamentos. Quantas vezes uma pessoa marcou de se encontrar com seu parceiro em um bar e tentou imitar um término como aqueles vistos no cinema? E não funciona; não funciona porque o que no celuloide é despachado em cinco minutos, para nós, leva seis horas, e, no final, não rompemos e acabamos nos comprometendo a casar ou a ter um filho.

Também não acredito nos rótulos que pretendem definir as gerações. Não me sinto geração X, nem geração iPod, nem muito menos me sinto geração metrossexual ou übbersexual.

O que me sinto? Amarelo (que é algo individual, que não faz parte de um coletivo). Sou amarelo, sou um amarelo de alguém. Mas já vamos chegar a esse ponto.

Assim, não há rótulos, não há regras, não há normas. Suponho que você deva estar se perguntando como este livro e este mundo vão ser articulados, como vou organizar os conceitos. Por meio de uma lista. Acredito nas listas, eu as adoro. Sou engenheiro industrial, por isso amo os números. E quem ama os números, ama as listas.

Tudo que você vai ler a partir daqui é uma grande lista. Uma lista de conceitos, uma lista de ideias, uma lista de sentimentos, uma lista cheia de felicidade. Uma lista de descobertas que me fizeram criar o que considero o meu mundo.

São descobertas breves que reúno em capítulos curtos. São pequenos esboços para compreender outra forma de ver o mundo. Não tenha medo de viver o mundo amarelo. Você só precisa acreditar nele.

Tenho um ditado: se acreditar nos sonhos, eles se criarão. Crer e criar são duas palavras que se parecem, e se parecem tanto porque, na realidade, estão perto, muito pertinho. Tão pertinho a ponto de que, quando se crê, se cria.

Acredite...

E agora, vamos direto ao grande capítulo, o que contém essas descobertas: PARA VIVER. Aqui está a maioria das experiências e aplicações do câncer extrapoláveis à vida, que formam os traços que você pode seguir para criar seu mundo amarelo.

São vinte e três pontos que você deve ligar com linhas, unindo-as conceitualmente na mente, daí resultando uma forma de vida. Um mundo amarelo.

Cada ponto, cada descoberta tem por título alguma das frases que escutei durante minha vida no hospital. São frases que alguém me disse enquanto eu estava doente e que me marcaram de tal maneira que jamais as esqueci. São como partes de um poema, inícios de uma canção, sentimentos que sempre terão cheiro de quimioterapia, bandagens, espera de visitas e colegas de quarto com pijamas azuis. Às vezes são as palavras que nos proporcionam os caminhos. Poucas palavras podem engendrar em nós uma ideia. Às vezes as frases mais importantes são as que menos importância achamos que têm.

Entre e acredite. Acredite, mas jamais piamente. Tudo é questionável, tudo é discutível. E quem diz isso é alguém que se define com a letra "A": Albert, Apolítico, Agnóstico e Amarelo.

PARA PROSSEGUIR...

LISTA DE DESCOBERTAS PARA TORNAR SEU MUNDO AMARELO
(LIÇÕES DO CÂNCER APLICADAS À VIDA)

Extraiga la raíz cuadrada de tres mil trescientos trece.
¿Dónde está Tanganika? ¿Qué año nació Cervantes?
Le pondré un cero en conducta si habla con su compañero.
Eso, para seguir.

— Gabriel Celaya

PRIMEIRA DESCOBERTA:
"AS PERDAS SÃO POSITIVAS"

Faça uma festa de despedida para a perna. Convide pessoas que tenham a ver com sua perna e despeça-se dela em grande estilo. Ela não o apoiou durante a vida toda? Então, agora que ela está indo embora, é a sua vez de apoiá-la.

Meu traumatologista, no dia anterior
à amputação da perna

As perdas são positivas. Sei que é difícil acreditar nisso, mas as perdas são positivas. Temos que aprender a perder. Você deve saber que cedo ou tarde vai perder tudo que ganhar.

No hospital nos ensinavam a aceitar a perda, mas não enfatizando a palavra "aceitar", e sim a "perda". Visto que aceitar é uma questão de tempo, perder é uma questão de princípios.

Há muitos anos, quando alguém morria, os familiares mais próximos passavam um tempo de luto: vestiam-se de preto, sofriam e não saíam de casa. O luto era uma época para pensar na perda, viver para a perda.

Passamos do luto ao nada absoluto. Agora, quando morre alguém querido, no necrotério já nos dizem: "Você tem que superar". Terminamos um relacionamento e as pessoas querem que em duas semanas saiamos com outra pessoa. Mas, e o luto? Onde fica o luto, pensar na perda, no que ela significa?

O câncer me tirou muito: um pulmão, uma perna, parte do fígado, mobilidade, experiências, anos de colégio... Mas talvez a perda mais sentida tenha sido a da perna. Recordo que no dia anterior à amputação meu médico me disse: "Faça uma festa de despedida para a perna. Convide pessoas que tenham a ver com sua perna e despeça-se dela em grande estilo. Ela não o apoiou durante a vida toda? Então, agora que ela está indo embora, é a sua vez de apoiá-la".

Eu tinha quinze anos e não organizei uma festa de adolescente para perder a virgindade (como teria gostado), mas uma festa para perder a perna. Lembro como se fosse hoje, quando chamei pessoas relacionadas com a perna (foi meio difícil, não era fácil abordar o assunto). Depois de enrolar muito e falar de mil coisas, eu acabava lhes dizendo: "Estou convidando você para a festa de despedida da perna. Não traga nada. E, se quiser, pode vir batendo perna". Pareceu-me importante fazer esse trocadilho para diminuir a tensão. Sem dúvida, alguém genial decidiu nos dotar de humor, a salvação para todos os nossos conflitos. Um sentimento estranho que nos permite virar o jogo, quando e como quisermos.

Convidei pessoas relacionadas com minha perna para aquela festa tão curiosa: um goleiro de futebol que tomou quarenta e cinco gols de mim em uma partida (está bem, *okay*, foi um só, mas o convidei), uma garota com quem ficava esfregando os pés debaixo da mesa, um sujeito com quem fazia caminhadas (por causa das cãibras; não conseguia pensar em tantos convidados), e também convidei um amigo meu que tinha um cachorro que me mordeu quando eu tinha dez anos. O pior é que o cachorro foi e tentou me morder de novo.

Foi uma festa linda. Acho que a melhor que já fiz e, sem dúvida, a mais original. No início as pessoas estavam constrangidas, mas pouco a pouco começamos a falar da perna. Todos contaram casos relacionados a ela. Tocaram-na pela última vez. Foi uma noite linda que jamais esquecerei.

Quando a noite acabava e o dia despontava, a poucas horas de entrar no centro cirúrgico, ocorreu-me um jeito de fechar com chave de ouro: uma última dança com duas pernas. Pedi a uma enfermeira, e ela disse sim. Eu não tinha música, mas meu colega de quarto tinha muitos CDs do Machín (era fã do Machín; ele mesmo se autodenominava *El manisero**). Pus o CD que ele me emprestou e ouvi "Espérame en el cielo". Não havia canção mais adequada para esse momento, para esse final. Dancei-a dez ou doze vezes com aquela enfermeira. Minhas doze últimas danças. Dancei-a tantas vezes! Mais que tudo, desejava não escutar nada, que Machín magicamente se fundisse à minha mente, que fosse um som repetitivo, uma trilha sonora que cobrisse todo aquele momento. Não é legal quando a música se repete tantas e tantas vezes que já não ouvimos as palavras, os sons? Então essa música, essas palavras, são como o vento, algo que está aí, que notamos, sentimos, mas que não precisamos escutar, apenas sentir.

---

* Referência a uma canção, "El manisero" (O vendedor de amendoim), de Antonio Machín, cantor espanhol nascido no início do século XX. (N. da T.)

No dia seguinte cortaram minha perna. Mas eu não estava triste, pois havia me despedido, havia chorado, havia rido. Havia, sem saber, realizado meu primeiro luto, havia falado sem rodeios da perda e a transformara em ganho.

Gosto de pensar que não perdi uma perna, que ganhei um toco e uma fantástica lista de recordações relacionadas com a perna:

1. Uma linda festa de despedida (quanta gente pode se gabar de ter tido uma festa tão legal?).
2. A recordação de meus segundos primeiros passos (esquecemos os primeiros, mas jamais esquecemos os segundos primeiros passos com uma perna mecânica).
3. E, ainda, o enterro da minha perna. Sou uma das poucas pessoas nesse mundo que podem dizer que têm um pé no cemitério, não no sentido figurado, mas real. Sempre rio muito quando penso que sou um cara de sorte, porque posso dizer isso literalmente.

Sem dúvida, as perdas são positivas. O câncer me ensinou isso. E isso é algo que pode ser levado para o mundo sem câncer, visto que a cada dia sofremos perdas; algumas importantes, que nos trazem desilusão, outras menores, que nos inquietam. Não são como perder um membro, mas a técnica para superá-las é a mesma que aprendi no hospital.

Quando perder, convença-se de que não está perdendo, mas ganhando a perda. Faça um luto. Os passos são...

1. Usufrua a perda, pense nela.
2. Sofra com ela. Convide pessoas que tenham a ver com essa perda, peça-lhes conselhos.

3. Chore (os olhos são nossos limpadores de para-brisa privados e públicos).
4. Busque o ganho da perda e dê-se um tempo.
5. Em poucos dias você se sentirá melhor. Notará o que ganhou. Mas lembre que você pode tornar a perder essa sensação.

Funciona? Com certeza. Eu jamais tive a sensação de ter um membro fantasma. Uma dor fantasma é a sensação de sentir o membro quando não o temos mais, e acredito que não sofri isso porque, sem saber, eu me despedi tão bem da perna que até o fantasma foi embora.

A primeira descoberta do mundo amarelo: *As perdas são positivas*. Que ninguém o convença do contrário.

Às vezes as perdas serão pequenas, outras vezes serão grandes, mas, se você se acostumar a entendê-las, a enfrentá-las, no fim perceberá que as perdas não existem como tal. Qualquer perda é um ganho.

SEGUNDA DESCOBERTA:
"NÃO EXISTE A PALAVRA DOR"

E se as injeções não doem? E se na realidade reagimos à dor como nos ensinam nos filmes, sem perceber se realmente sentimos dor? E se na realidade a dor não existisse?

David, grande careca.
Possuo 0,6% de sua vida.

A dor não existe. Essa foi a frase que mais ouvi os *pelones* (carecas) repetindo em meus tempos de hospital. *Los pelones* era como alguns médicos e enfermeiras nos chamavam para se referirem à nossa falta de cabelo, apesar de que *pelón* também é alguém que tem muito cabelo. Gosto quando as palavras aprontam, quando os erros criam conceitos. Nós gostávamos desse nome, fazia com que nos sentíssemos parte de um grupo, pessoas jovens, fortes e saudáveis. Os rótulos às vezes funcionam tão bem e dão tanto bem-estar...

Em *Los pelones*, como em qualquer bom grupo que se preze, tínhamos nossos gritos: "Não somos coxos, somos muito machos". Era um grito que nos enchia de orgulho. O segundo na lista dos mais usados era: "A dor não existe". De tanto gritar isso, de tanto lançar essa palavra de ordem aos quatro ventos, a dor finalmente se foi.

Existe o que se denomina limiar da dor, o momento em que se começa a notar a dor; é a antessala da dor, o momento em que a cabeça pensa que alguma coisa vai doer. O limiar da dor está a meio centímetro da dor. Sim, eu posso medi-lo. Acho que por ter estudado engenharia industrial, utilizo os números para quantificar sentimentos, dores e pessoas. Às vezes, tenho a sensação de que misturar engenharia e câncer faz com que se produza esse fenômeno.

Pouco a pouco, deixamos de sentir dor. Primeiro foram as dores das agulhas da quimio; sempre que tomamos uma injeção, dói. Mas descobrimos que a dor provém de pensar que ela existe. E se as injeções não doem? E se na realidade reagimos à dor como nos ensinam nos filmes, sem perceber se realmente sentimos dor? E se na realidade a dor não existisse?

Todas essas ideias provinham do mais sábio dos carecas; ele tinha câncer desde os sete anos, e naquele momento tinha quinze. Para mim, ele foi e sempre será o espelho em que me olho. Ele nos reunia, falava, quase poderia dizer que nos doutrinava e que sempre podia nos convencer de qualquer coisa.

Quando o ouvi dizer que a dor podia desaparecer simplesmente por questionarmos sua existência, isso me pareceu uma grande bobagem, e quando me falava do limiar da dor, então eu já não entendia nada.

Mas, um dia, em uma das sessões de quimio (e foram mais de oitenta e três), decidi acreditar no que ele havia me dito. Olhei a injeção, olhei minha carne e não introduzi a terceira variável. Não fez parte da equação da dor, não pensei que teria que doer. Apenas que uma agulha se aproximaria de minha pele, que a transpassaria e extrairia sangue. Seria como uma carícia; uma carícia estranha e diferente. Uma carícia entre o ferro e a carne.

E, misteriosamente, assim foi: pela primeira vez não notei a dor, senti essa estranha carícia. Naquele dia a enfermeira precisou de doze espetadas para encontrar a veia, pois, com a quimio, elas vão ficando apagadas e são cada vez mais e mais difíceis de encontrar. Não me queixei nem uma única vez porque era mágico, quase poético, pensar nessa sensação. Não era dor, na realidade, era algo que não tinha nome, mas que não se parecia em nada com a dor.

Foi naquele dia que compreendi que dor é uma palavra que não tem nenhum valor prático; assim como o medo. São palavras que assustam, que provocam dor e medo. Mas, na realidade, quando não existe a palavra, não existe a essência do que querem significar.

Acho que o que aquele grande careca — possuo 0,6% de sua vida (o melhor 0,6% que há em mim) — queria dizer era que não existe a palavra dor; apenas isso, que não existe como palavra, como conceito. Você deve descobrir o que sente (como no caso da injeção), e não pensar que isso equivalerá à dor. Deve experimentar, saborear e decidir o que sente. Eu garanto que muitas vezes a dor será prazer, a dor será divertida ou a dor será poética.

Nos sete anos seguintes que tive câncer jamais senti dor, porque o câncer, na maioria dos casos (exceto em 10% ou 12%), não é doloroso. Foram os filmes que o transformaram em algo doloroso. Acho difícil recordar algum filme em que alguém que tem câncer não chore de dor, vomite, morra ou tome morfina em grandes quantidades. Sempre refletem o mesmo: dor e morte.

Quando escrevi *Planta 4ª* foi, acima de tudo, porque queria escrever um filme positivo, realista, que acabasse com o clichê e mostrasse como costuma ser a vida de gente com câncer. Como as pessoas vivem essa "falsa" dor que aparece em todos os filmes. Como lutam, como morrem, mas não como tudo gira em torno do vômito, da dor e da morte.

Quando me curei, pensei que esqueceria essa lição, mas foi a primeira que recordei. Há muitas dores fora do hospital, fora da vida hospitalar, e não são dores médicas, não têm a ver com uma injeção ou com uma intervenção cirúrgica. Têm a ver com outras pessoas. Algumas pessoas que infligem dor, querendo ou sem querer.

E foi nessa vida sem câncer que realmente me senti dolorido: de amor, de tristeza, de orgulho, profissionalmente. Foi quando me lembrei de que a dor não existe; a palavra dor não existe. Foi quando voltei a pensar no que sentia quando me aconteciam essas coisas que me dei conta de que, na realidade, às vezes se tratava de nostalgia, às vezes de sensação de fragilidade, às vezes de desânimo e às vezes de solidão. Mas não era dor.

Quando eu era pequeno, quando aprendi no hospital que a dor não existe, me senti, com catorze anos, como um super-herói, com o superpoder de não sentir dor. Eu tinha um amigo do colégio que me dizia: "Você é feito de ferro, não sente as picadas". Agora, adulto, percebo que, na realidade, continuamos recebendo picadas; às vezes três ou quatro de uma vez em lugares diferentes, às vezes só uma e direto no coração. O segredo não é ser de ferro ou insensível, mas deixar que nos penetrem, que nos toquem e rebatizem o que sentimos.

A lista é fácil. A descoberta é simples: "Não existe a palavra dor". Os passos...

1. Busque palavras quando pensar em "dor". Busque cinco ou seis que possam definir o que você sente, mas que nenhuma seja dor.
2. Quando conseguir, pense qual é a que define melhor o que você sente; essa é sua dor. Essa é a palavrinha que define o que você sente.
3. Troque-a; ignore a palavra dor e coloque a nova. Vai parar de doer e você poderá sentir com força essa nova denominação. Esse sentimento.

Parece impossível que funcione, mas, com o tempo, você vai dominar a técnica e perceber que a dor não existe. A dor física, a dor do coração, na realidade esconde outras sensações, outros sentimentos. E esses são superáveis. Quando conhecemos o que temos, é mais fácil superá-lo.

TERCEIRA DESCOBERTA:
"AS ENERGIAS QUE APARECEM DEPOIS DOS TRINTA MINUTOS SÃO AS QUE RESOLVEM O PROBLEMA"

Acima de tudo, não abram os envelopes com os resultados da radiografia.

Os médicos aos pacientes

Vamos abrir logo.

O paciente a um familiar assim que recebe o envelope

Muitas vezes, no hospital, tínhamos que ir buscar resultados de exames. Não existe nenhum momento de maior tensão do que quando você tem o envelope de uma tomografia ou de uma radiografia nas mãos.

Durante dez anos da minha vida, essa situação se repetiu muitas vezes. Entregavam as radiografias e o envelope com os resultados e repetiam que não o abríssemos, que o entregássemos ao médico.

Normalmente havia quinze dias desde a entrega do envelope até a consulta com o médico. Quinze dias é muito tempo para manter fechado um envelope que poderia revelar que o câncer havia voltado em forma de recidiva em alguma parte do corpo. (Em poucas palavras: uma recidiva significa voltar a ter câncer.)

Todos os meus amigos do hospital, todos, o abriam. Era evidente. Como é possível manter fechado durante duas semanas algo tão importante?

Ultimamente aconselho alguns médicos sobre como tratar os pacientes e lhes conto sempre que isso seria a primeira coisa que precisariam mudar: esse procedimento está muito ultrapassado. Eles sempre dão risada, como se dissessem: nós sabemos que vocês o abrem. É como um pacto velado: vocês o abrem, leem, tornam a fechá-lo e nós fingimos que não percebemos. Sempre fiquei horrorizado com esse tipo de pacto. Não entendo por que todo mundo finge não saber certas coisas. Para mim, é um absurdo.

De qualquer maneira, o problema não é o envelope fechado, e sim o que ele contém. A questão é como enfrentar uma notícia importante, uma notícia que pode mudar sua vida. No hospital aprendemos a fazer isso; aprendemos com os erros, como quase tudo nessa vida.

No início abríamos o envelope feito loucos, no hospital mesmo, dois minutos depois de nos ser entregue. Recordo certas imagens no corredor: meu pai, minha mãe e eu inclinados sobre uma folha, lendo... bom, a palavra exata seria devorando o que esse papel continha.

Pouco depois percebemos que não era uma boa ideia abri-lo em um hospital; você não deve receber ou dar más notícias em um lugar onde passou ou passará muito tempo. Sempre é preciso encontrar um lugar neutro. Dessa forma, abríamos o envelope em restaurantes (aos quais íamos pela primeira vez), em ruas desconhecidas (cujo nome esqueceríamos) ou no metrô. Mas continuávamos cometendo um erro: desde que nos davam o envelope até que o abríamos jamais transcorriam mais de quinze minutos. Sem saber, procurávamos ruas, restaurantes e metrôs próximos. Tínhamos uma necessidade urgente de saber; como se algo nos queimasse por dentro.

Com o tempo, quando já haviam nos entregado quarenta ou cinquenta envelopes, descobrimos o método perfeito. Não há dúvida de que se pode ser profissional até para ler diagnósticos médicos: basta repetir muitas vezes a mesma ação e melhorá-la até que não pareça que você a está repetindo.

O método perfeito consistia em:

1. Pegar o envelope tranquilamente, guardá-lo e levá-lo para casa, sem lhe dar a menor bola.
2. Esperar meia hora exata, sem pensar nele, sem lhe dedicar um único segundo. E depois de passar exatamente meia hora...
3. Ir a um lugar tranquilo e abri-lo.

Essa meia hora é o tempo que seu corpo e sua mente necessitam para se acalmar. É como se toda sua ansiedade desaparecesse. E o melhor de tudo é que, quando você reage, após ter visto os resultados, eles são meia hora mais velhos. São como uma notícia antiga, e isso lhes rouba força e nos dá poder.

Sei que pode parecer estranho. Por que meia hora, e não uma hora? Por que não dez minutos? Por que são tão importantes esses trinta minutos? Sim. Acredito que, de tanto receber notícias importantes, descobri que há algo em nosso corpo que deseja conhecê-las imediatamente, e esse algo é o que nos cega. É como uma paixão que em exatos trinta minutos desaparece e ativa outras energias que desejam saber o que está acontecendo, mas que também são capazes de encontrar soluções. São anseios com outros objetivos, que lutam, anseios que criam soluções.

Quando deixei o hospital, pensei que não tornaria a encontrar dilemas tão intensos como os que representavam os envelopes de radiografias. E, naturalmente, assim foi, mas encontrei a maneira de adaptar minha teoria dos trinta minutos.

Muitas vezes recebo um e-mail e sei que é importante; vejo que chega à minha caixa de entrada, mas não o abro; olho, ainda está em negrito, e não o abro. Espero trinta minutos, relaxo, deixo que o anseio mude e depois o abro.

É genial, funciona. Além de tudo, seja o que for que receba, sejam boas ou más notícias, você deixou passar meia hora e sua resposta não será precipitada, não será fruto de uma reação pouco refletida. É como se você tivesse levado meia hora para decidir o que escrever. E o mesmo acontece com as mensagens de celulares, entre muitas outras coisas.

Essa descoberta também é útil para as conversas com as pessoas, especialmente no que se refere à escolha do lugar e do momento de falar com essa pessoa.

Continuo usando a regra dos trinta minutos e devo confessar que às vezes a estendo até quarenta, quarenta e três minutos. É como dilatar o tempo, como ser amo e senhor de suas respostas e de seus anseios.

QUARTA DESCOBERTA:
"FAÇA CINCO BOAS PERGUNTAS POR DIA"

Pegue uma caderneta e anote; anote tudo que não compreender.

Meu médico, no dia em que me disse
que eu tinha câncer

Esse foi o primeiro conselho que me deu o médico que me tratou, quando cheguei ao hospital. Mais especificamente, ele me deu uma caderneta e pediu que eu anotasse tudo o que não entendesse.

Em seguida me explicou o que aconteceria comigo, cancerigenamente falando, durante os cinco anos seguintes. Foi impressionante, ele acertou em praticamente tudo. Às vezes, recordo em sonhos esse momento e imagino o que teria acontecido se, em vez de falar do câncer, tivesse falado da minha vida. Poderia ter feito uma previsão para os meus próximos cinco ou dez anos. Por quem eu me apaixonaria. Em que eu trabalharia. Isso sim teria sido realmente impressionante.

Contudo, não pretendo desmerecê-lo; o que ele fez também teve valor. Ele me falou de biópsias, de tumores, de osteossarcomas, de recidivas. Meus pais escutavam e eu anotava, não parava de anotar. Era estranho, porque, à medida que eu escrevia, eu me sentia melhor. Era como se exteriorizar minhas perguntas, passando-as para o papel, fizesse com que desaparecesse o mistério, o medo, o terror.

Ao acabar, ele olhou para mim e disse: "Alguma pergunta?" Respondi que tinha quarenta e duas. Que eram as que tivera tempo de anotar. Naquele dia ele respondeu às quarenta e duas, mas surgiram mais vinte e oito. Quanto mais ele me explicava, mais dúvidas eu tinha, mas quanto mais ele as resolvia, mais em paz eu ficava. Era um círculo no qual tanto ele quanto eu saíamos ganhando.

Nunca duvidei de que ter informação é essencial para tudo na vida. Você não pode lutar contra o câncer se não souber o que está enfrentando. Primeira coisa, conhecer o adversário; depois, investigá-lo, e finalmente lutar.

Acho que o melhor da época em que tive câncer foi que sempre me deram as respostas. As respostas curam, as respostas ajudam. Fazer perguntas equivale a se sentir vivo. O fato de nos darem as respostas demonstra que confiam que saberemos o que fazer com essa informação.

Mas não só em épocas de doença aparecem dúvidas. A vida gera muitas e muitas perguntas. Quando saí do hospital, comecei a me fazer perguntas. Eu havia abandonado o colégio aos quinze anos e não voltei à escola até que pus os pés em uma universidade. As perguntas apareciam às centenas. Foi quando decidi comprar uma caderneta amarela (não sei por que escolhi *essa* cor; se bem que agora percebo). Comecei a anotar perguntas e decidi também escolher a quem fazê-las.

No hospital era fácil:

1. As perguntas difíceis, ao médico.
2. As médias, à enfermeira.
3. E as fáceis (ou as complicadas), aos zeladores e aos colegas de quarto.

Mas na vida nem tudo está tão claro. Então eu anotava a questão, a dúvida que tinha e a pessoa que poderia resolvê-la. Na verdade, é algo que recomendo. No início você vai se sentir meio bobo anotando perguntas estúpidas e pessoas que acha que possuem a resposta. Mas conforme elas forem sendo respondidas, a eficácia do método e o fato de ver que você se sente melhor o deixarão viciado na caderneta.

Eu usei esse método em todos os âmbitos da minha vida: no afetivo, no familiar, no fraternal ou no amarelo (mais tarde vou explicar quem são os amarelos). E sempre me senti bem.

O método é fácil:

1. Decida de que cor será a caderneta. A cor deve ter a ver com você. Cada um de nós exala uma cor, e não tem nada a ver com a roupa que vestimos. Você pode adorar o azul de suas calças jeans, mas talvez sua cor seja o laranja. Você descobrirá sua cor de uma forma muito fácil. Olhe uma caixa de canetas hidrocor e escolha uma para desenhar; a que quiser: essa é sua cor.
2. Compre dez cadernetas. Sim, eu sei, uma parece suficiente, mas, na realidade, cada caderneta é para um assunto. Sempre pensei que as pessoas têm dez inquietudes na vida, dez caminhos diversos. Então, utilize uma para cada caminho.
3. Anote todas as dúvidas. Dúvidas tolas: Como as pessoas conseguem se pentear tão bem? Dúvidas complicadas:

Como é possível que as pessoas se apaixonem, e eu só pense em sexo? Dúvidas eternas: Quem eu sou? Quem quero ser? Não sei absolutamente nada? Dúvidas práticas: Como se aluga um avião? Como se tramita um divórcio?
4. Procure quem tem essas respostas. Ao lado de cada pergunta deve haver sempre um possível candidato a responder. Jamais deixe vazio esse item, ponha alguém, mesmo que não o conheça ainda; mesmo que seja alguém famoso ou inventado, ou impossível.
5. Pergunte, absorva, anote a dúvida que surgir e torne a perguntar. Quanto mais saciar suas dúvidas, melhor se sentirá.

No hospital, diziam-nos que é bom beber dois litros de água por dia. Meu médico sempre acrescentava: "E fazer cinco boas perguntas". Não esqueça, a cada dia exponha cinco dúvidas e beba dois litros de água.

QUINTA DESCOBERTA:
"MOSTRE-ME COMO VOCÊ ANDA E LHE MOSTRAREI COMO RI"

Rir não é fácil. Respirar também não. Faltam escolas de riso e respiração. Estou entediando você?

As últimas palavras que escutei do enfermeiro que me levou ao centro cirúrgico antes que amputassem minha perna

Nascemos com carências, muitas, variadas. Com o tempo, nós as atendemos de uma maneira ou de outra. Às vezes de forma correta, às vezes simplesmente como podemos. Pode ser até que nem saibamos que as temos. O cérebro é tão esperto que às vezes nos esconde as informações mais básicas acerca de nós mesmos.

Não sabemos andar, mas pouco a pouco encontramos os andares. Eu tive a sorte de ter quatro andares.

1. Meus primeiros andares, poucos anos depois de nascer. Um andar de passos rápidos que, ao chegar à adolescência, foi ganhando um ar travesso. Um andar que me fazia rir muito, de forma variada e estranha.

2. Anos mais tarde, meus segundos andares, quando me puseram minha primeira perna mecânica. Era um andar mais tosco, mais tipo mola. Um andar que condicionou meu ser, que fazia com que eu não me sentisse confortável e que fez desaparecer o riso.
3. Mais tarde, troquei-a por uma perna hidráulica; esse andar era um andar mais alegre, mais harmonioso, mais como o de um musical. Esse andar me fez sentir melhor e comecei a rir em gargalhadas curtas, mas deslizantes. Foi quando me dei conta de que o riso estava conectado com o andar. Mostre-me como você anda e lhe mostrarei como ri. Há algo na forma como caminhamos que nos leva até o riso, até o humor.
4. Agora uso uma perna eletrônica e o andar e o riso parecem absolutamente conectados. O mais curioso é que à noite tenho que carregar sua bateria. Às vezes não sei se conecto o celular, o notebook ou a perna. Tenho a sensação de que é um luxo poder ter essas dúvidas.

O fundamental reside no andar. As pessoas não se preocupam mais com o andar: "Ando assim, sempre andei assim". Pensam que não vão mais mudar; se fazem assim há trinta, quarenta anos, por que mudar?

Mas o que não percebem é que a mudança é possível. Tudo consiste em buscar a respiração, praticar para ver qual é a respiração que mais combina com você. Dedicar um tempo a sentir como o ar entra e como sai de você. Uma vez que encontra sua respiração, deve pensar como ela pode mover suas pernas. Respiração e movimento estão totalmente relacionados.

Pouco a pouco você vai encontrando um andar. Será diferente do que tinha antes, será um andar potencializado por uma forma de puxar e expulsar o ar. Muitas vezes será um andar tão diferente que você não se reconhecerá em um espelho quando o vir; tão estranho que sentirá que não é você quem anda, mas outra pessoa. Pouco a pouco, se quiser, transforme esse andar novo em um correr. Mas isso é para os mais experientes.

Finalmente notará que, quando anda diferente, quando seu pé toca de um modo diferente o chão, algo nasce em você. Uma espécie de sentimento parecido com uma alegria. Esse é o germe do riso. É esse sentimento, essa sensação, que deve transformar em riso.

Pouco a pouco, sem pressa, extraia, processe o riso que nasceu desse andar. Experimente qual é o riso que lhe cai melhor. Escute-o, primeiro em casa, na intimidade. E, quando houver se decidido por um, mostre-o à sua gente, ria com ela, sem medo, sem vergonha. Deixe-se levar.

Esse é o seu riso. Você deve explorá-lo ao máximo, e, quase sem saber, esse riso mudará seu jeito de ser e de gozar a vida.

Demoramos minutos para decidir que roupa queremos comprar, horas para escolher um carro, meses para escolher nossa casa. Contudo, para algo tão nosso quanto o riso, que define nosso caráter, nossa essência, nosso eu, nós nos conformamos com o que vem de série.

Lembre-se, a lista é:

1. Busque uma respiração. Como? Respirando: puxando e expulsando o ar. Pensando qual é a maneira de aspirar que o define. Não tente encontrá-la em um dia, dê-se uma semana no mínimo. Divirta-se com essa brincadeira.
2. Pratique essa respiração em movimento. Deixe que esse novo jeito de se oxigenar dê novas asas a seus pés. Cami-

nhe rápido, devagar, na ponta dos pés; tudo que for necessário. Finalmente encontrará seu caminhar, você notará.
3. Caminhe e desfrute o sentimento. Durante meia hora. Esse sentimento de felicidade pode se transformar em riso. Isso que você sente é o material de que é feito o riso. Ria, sorria e decida-se por uma forma de emitir o som da alegria.
4. Treine em casa. Treine na companhia de outras pessoas. É muito bom imitar o riso de seus amigos. Isso cria um carrossel de risos, e é muito positivo.
5. Escolha um riso e pense que isso é algo que o define. Sinta-se orgulhoso de sua nova aquisição e mostre-a para as pessoas com orgulho. Eu encontrei alguns andares, uma respiração e um riso. São coisas que devemos mostrar sem vergonha, como se fôssemos recém-nascidos.
6. Renove seu riso a cada dois anos. A cada dois anos eu troco a perna e tenho a sorte de que, ao mudar o andar, tudo muda. Nossos pulmões também evoluem, envelhecem, mas não são eles que devem determinar nossa respiração; temos que nos antecipar e determinar como queremos nos oxigenar.

Ande, respire, ria e aproveite. Simples assim. Esse foi o conselho que me deu o enfermeiro que me levava ao centro cirúrgico onde amputariam minha perna. Eu pensava na perna que perderia, e ele me falava de respiração, de andares, de risos. Lembro que a conversa acabou com um: "Estou entediando você?" E a verdade é que não me entediava. Às vezes estamos tão centrados em nós, em nosso problema, que esquecemos que nesse exato momento poderíamos fazer a maior descoberta de nossa vida.

SEXTA DESCOBERTA:
"QUANDO VOCÊ ESTÁ DOENTE, AS PESSOAS FAZEM UM CONTROLE DE SUA VIDA, UM HISTÓRICO MÉDICO. QUANDO VOCÊ ESTÁ VIVENDO, DEVERIA MANTER OUTRO: UM HISTÓRICO DE VIDA"

> O paciente está curado.
>
> *Última linha e último risco que meu*
> *oncologista escreveu em meu histórico clínico*

Meu histórico médico é interminável; foi engordando dia a dia, mês a mês, ano a ano. Da última vez que fui ao hospital, transportavam-no em um carrinho; pesava tanto que já não podiam carregá-lo.

Gosto da cor da pasta do histórico, especialmente porque é do mesmo tom de quando tudo começou. Poucas coisas em nossa vida se mantêm idênticas. Continua sendo cinza neutro. Não acho feia a cor cinza, só tem má fama: Que dia mais cinza! Ah, os ternos cinza... É uma cor pouco apreciada, só superada pelo preto. Mas acho que é a cor ideal para um histórico médico, porque, no meu entender, deve ter classe, e o cinza é uma cor de muita classe.

Em meu histórico há letras de mais de vinte médicos.

1. De meu oncologista (profissão estranha, mas que alguém tem que fazer). São os bandidos do filme para qualquer doente de câncer. Sem dúvida, qualquer médico que escolhe essa especialidade merece toda a minha admiração.
2. De meu traumatologista. Esses são os que levam todos os louros. Eu teria gostado de ser traumatologista, acho que é o mais parecido a ser Deus.
3. De meu fisioterapeuta, de radiologistas, de...

A lista é interminável. Faz-me lembrar de quando eu era pequeno e ia à caça de autógrafos de jogadores de futebol; é a mesma coisa, mas com especialidades médicas e com a diferença de que, em vez de um único garrancho ininteligível, há centenas.

O último dia em que vi meu histórico foi no consultório do oncologista; ele escreveu: "O paciente está curado". Embaixo, lembro perfeitamente, traçou um risco horizontal. Muito me impressionou aquele risco. Fechou o histórico, colocou-o novamente no carrinho, e o zelador o levou. Esse foi o último dia em que vi meu histórico.

Pensei que não sentiria saudade dele. Mas, quando voltei à vida normal, pensei que seria uma boa ideia fazer um. Mas não um histórico médico — um histórico de vida.

Comprei uma pasta (cinza, claro) e pensei com o que poderia preenchê-la. Estava claro que escreveria um diário; os diários são vitais e altamente recomendáveis. O que é melhor que poder reler o que nos preocupava há dois ou três anos e perceber que agora não damos a mínima para isso? (Às vezes porque conseguimos, às vezes porque na realidade nem o desejávamos).

Mas os diários são apenas uma parte de um histórico de vida; só isso não é suficiente. O prazer de manter um histórico de vida é que nele vai estar tudo o que acontece com você, seus momentos, e, quando algo o abalar, poderá ir lá, abri-lo e respirar vida.

Você se perguntará se é necessário manter um controle de sua vida. A resposta, para mim, é um sim categórico. Sabe qual era o sentido do histórico médico? Pura e simplesmente anotar e deixar registrado quando tive tal crise, como ela foi superada, quando ocorreu o próximo percalço, o que sentia quando ele chegou, como foi solucionado. Meus médicos não paravam de olhar esse histórico quando havia algum problema. Tenho certeza de que isso evitou muitas radiografias, exames e medicação repetida. A memória é tão seletiva...

O bom de escrever as coisas é que você percebe que a vida é cíclica: tudo volta. O problema é que nossa memória é reduzida e muito esquecida. Você realmente vai ficar fascinado de ver como seus males ou suas alegrias se repetem, e, em seu histórico de vida, você encontra a solução para tudo.

Sei o que está pensando. Não tema, não lhe tomará muito tempo. Você só precisa escrever alguns minutos por dia e reunir objetos; serão equiparáveis às radiografias e aos exames de sangue. São importantes, não há histórico que não tenha provas (neste caso, de sua vida). Podem ser pedaços de guardanapo (daquele restaurante onde conseguiu aquilo que desejava), pedras de alguma ilha (onde sua vida avançou um passo e você se sentiu pleno) ou pura e simplesmente o tíquete de um estacionamento do shopping onde você viu aquele filme que mudou sua vida.

Seu histórico de vida engordará e, com o tempo, quem sabe, você vai precisar comprar uma segunda e uma terceira pasta.

Talvez um dia você morra, e seus filhos, seus amigos, seus amarelos herdem esse histórico de vida e saibam o que o fazia feliz, o que o fazia se sentir pleno. Existe coisa mais bonita do que deixar as pessoas nos conhecerem melhor? Acho que não. Essa é a grande recompensa: abrir as caixas das pessoas que amamos, saber mais sobre elas. Tenho tantos amigos que têm caixas desconhecidas para mim, e, quando descubro algo mais sobre eles, sinto-me mais feliz, mais completo.

Vamos repassar a lista para o histórico médico:

1. Compre uma pasta grande, quase como uma caixa. Escolha a cor, mas recomendo o cinza.
2. Escreva todos os dias três ou quatro coisas que o fizeram se sentir feliz. Só isso; não se enrole mais. Escreva: "Hoje senti felicidade em um momento do dia".
3. Anote a hora, o dia, o lugar e o motivo. Tudo deve ter a ver com felicidade? Não, claro que não. Você pode falar de saudade, de sorrisos, de ironia. Mas tudo tem que ser positivo. Em um histórico médico, só se fala de percalços, de problemas, de recuperações; no de vida, deve-se falar de vida, de vida positiva, de vida feliz. Faça esse exercício, pense em coisas boas que aconteceram com você, com quem e onde. Pouco a pouco você descobrirá padrões. Gente que o faz feliz, lugares e horas do dia em que se sente mais vivo.
4. Inclua material. Sempre que puder, pegue algum objeto relacionado com esse momento. Os objetos se impregnam

de felicidade e devem estar em seu histórico de vida. Qualquer coisa serve, só tem que pertencer ao lugar. Mas não armazene milhares de coisas; seja seletivo, ou o histórico de vida acabará engolindo sua casa.
5. Releia-o, pegue-o quando se sentir mal e triste e também quando se sentir feliz. Pelo menos uma vez a cada seis meses dedique-lhe um olhar, faça uma visita a seu histórico. Você descobrirá coisas, descobrirá padrões e descobrirá como é. Cada 1% que descobrir de você é quase um degrau a mais rumo a outro estado de ânimo.
6. Doe-o, deixe como legado quando morrer. Lembre-se, não é só para você, é também para os outros, para as pessoas que o amam.

Acho que vai ser maravilhoso o dia em que entregarei meu histórico de vida e meu histórico médico. A pessoa que os possuir será feliz com os dois históricos. Com um poderá saber quantos leucócitos eu tinha em outubro de 1988, como era minha perna esquerda vista por raios X (pouca gente a conhece) e, acima de tudo, essa linha horizontal. Quanta beleza pode haver em uma linha! Com o outro histórico, compreenderá por que rio, por que me entusiasmo, por que morro. Acho que os darei de presente a duas pessoas diferentes. Sempre é bom que o conhecimento seja compartilhado.

SÉTIMA DESCOBERTA:
"EXISTEM SETE CONSELHOS PARA SER FELIZ"

Rapaz, não está dormindo, não é? Escute bem: Na vida, o mais importante é saber dizer não. Anote para não esquecer.

Meu primeiro colega de quarto, senhor
Fermín (76 anos); 5h12 da madrugada

Muito acertadamente, esse conselho quem me deu foi um velhinho com quem dividi meu primeiro quarto de hospital. Era um quarto de seis pessoas; mais tarde, entraria nos de duas pessoas. Deu-me o conselho no meio de uma madrugada. As madrugadas unem tanto que fazem com que nos atrevamos a confessar desejos e sonhos inconfessáveis. Mais tarde chega o dia, e, com ele... com ele... às vezes o arrependimento.

Senhor Fermín era um homem impressionante: havia tido trinta profissões, tinha setenta e seis anos e uma vida cheia de histórias incríveis. Para mim, um garoto de catorze anos que era internado pela primeira vez em um hospital, aquele era o espelho no qual queria me refletir, o destino que desejava e que não tinha certeza se conseguiria ter. Eu adorava aquele homem. Era pura força.

Ele sempre comia laranjas; adorava laranjas. Tinha um cheiro cítrico. Durante as sete noites em que dividimos o quarto, ele me deu conselhos para ter uma boa vida — ele os chamava de conselhos para obter a felicidade.

Cada conselho chegava com uma explicação de uma hora de duração, com exemplos gráficos. Os presentes àquelas aulas de vida eram um amigo careca canarino, que não tinha um braço, e eu (que mais tarde seria coxo). Suas dissertações eram muito amenas, muito divertidas. Ele nos obrigava a anotar tudo; acho que pensava que em muitas ocasiões não entendíamos quase nada. E era verdade; eu não entendi quase nada, mas aqueles garranchos com letra de um adolescente de catorze anos me serviram pelo resto da vida.

Ele nos fez prometer que jamais explicaríamos os sete conselhos a não ser que sentíssemos que a morte estava próxima. Nós dois prometemos, mas negociamos (éramos adolescentes, nessa idade se negocia tudo); parecia difícil guardar esses segredos. Foi um toma lá dá cá duro, mas, no final, ele nos permitiu que contássemos um. É esse que vou lhe contar.

O que vou relatar foi o primeiro conselho que ele nos deu. Eu o escutei no primeiro dia de hospital de minha vida. É uma lembrança com cheiro de laranja. Fico entusiasmado com o fato de que as recordações têm cheiro.

Ele nos pediu que nos sentássemos, olhou para nós dois e disse: "Anotem: é preciso saber dizer não nesta vida".

O garoto canarino e eu nos olhamos; não entendemos nada. Dizer não a quê? E ainda mais: por que era preciso dizer não, se é tão legal dizer sim?

A partir daí, assim como durante os seis dias posteriores, ele nos deu uma grande explicação sobre por que era preciso dizer não. Eu anotei o seguinte:

- Não ao que você não deseja.
- Não ao que ainda não sabe que não deseja, mas que deseja.
- Não por compromisso.
- Não se souber que não poderá cumprir.
- Não ao excesso.
- E, acima de tudo: não a si mesmo!!!

Acho que o não a si mesmo devia ser o mais importante, porque ele nos obrigou a colocar muitos pontos de exclamação. Ao lado da última exclamação há até uma mancha de laranja (ou essa é a sensação que tenho. Às vezes, o que desejamos é tão intenso que se torna realidade).

No dia seguinte ao sétimo conselho, ele morreu. Foi uma morte dessas que marcam: ele nos dá sete conselhos para ser feliz e morre. Tanto o canarino quanto eu tivemos consciência de seu legado. Decidimos fazer um pacto: que jamais perderíamos aquelas anotações, e que, quando as entendêssemos, que a puséssemos em prática.

Durante anos esqueci esses conselhos para ser feliz. Essa lista póstuma continha, embora eu não soubesse, as regras da felicidade. Pouco a pouco fui compreendendo, fui interiorizando-as.

Posso lhe garantir que disse não a muitas coisas na vida; não a coisas quando estava no hospital e não a coisas quando estava fora dele. Jamais senti que um não deveria ser um sim. Mas está claro que, quando você decide que não e tem certeza disso, o acerto está quase garantido.

Às vezes, tenho vontade de que minha morte chegue para poder contar os seis restantes. Meu amigo canarino já teve essa sorte; morreu seis anos depois, e com um sorriso nos lábios me disse que havia contado a mais três pessoas. Era um sujeito genial, que falava pouco; acho que as palavras são supervalorizadas.

Lista dos nãos:

1. Você deve saber dizer não.
2. Os nãos devem se aplicar a coisas que desejamos, que não desejamos, que sabemos que são demais para nós e também a nós mesmos.
3. Os nãos têm de ser aceitos. Não duvide de si mesmo; se disse um não, confie nesse não.
4. Aproveite esses nãos tanto quanto os sins. Um "não" não tem por que ser negativo; você pode usufruí-lo tanto quanto os sins. Ele pode lhe dar alegrias, pode abrir as mesmas portas. Não pense que você está se negando algo, mas sim que está abrindo caminho para outros sins.

A última coisa que anotei na caderneta foi: "Não duvide, o não lhe trará muitos sins". Com catorze anos não entendi nada, mas com trinta e quatro já lhe dei um sentido. Quero chegar aos sessenta para ver que novo sentido ganhará tudo que ele me contou. Cada ano que passa, a lista dos sete conselhos ganha outro sentido, outro aspecto. O bom da idade é isso: ela transforma tudo. Acho que é isso que apaixona quando fazemos aniversário, quando ficamos mais velhos.

Por isso, a cada ano releio aquelas anotações, para extrair mais e mais essência dos sete conselhos que dão felicidade. Curta o primeiro. Um de sete não é nada mau.

OITAVA DESCOBERTA:
"AQUILO QUE VOCÊ MAIS ESCONDE É O QUE MAIS MOSTRA DE VOCÊ"

Diga-me seu segredo e lhe direi por que você é tão especial.

Néstor, o zelador mais enrolado que já tive

Todos somos especiais. Eu sei que parece clichê, mas somos. No hospital não gostávamos das palavras incapacitado, inválido. São palavras que devemos afugentar; as carências físicas não têm nada a ver com essas palavrinhas.

Passados os anos, trabalhei com deficientes mentais e notei que essas são duas palavras que também se devem evitar. Esse tipo de pessoas são as mais especiais de todas, pelas quais eu sinto mais respeito; são sensíveis, inocentes e simples. E digo isso no sentido mais rico das palavras. São especiais.

A mim faltam uma perna e um pulmão, mas sempre tive a sensação de que tenho um toco e um pulmão só. Ter ou faltar, tudo depende do ponto de vista. Eu, à minha maneira, sou especial. Gosto de pensar que me marcaram de certo modo, e isso me faz diferente.

Mas não só as carências físicas e psíquicas nos tornam alguém especial. Como disse antes, todos somos especiais. Apenas devemos potencializar o que nos faz especial.

Havia um zelador no hospital que nos dizia: "Digam-me seus segredos e lhes direi por que são tão especiais". Enquanto estávamos em recuperação, ele nos falava das pessoas especiais e dos segredos que todos guardamos. Achava que os segredos são necessários na vida, são tesouros privados que só estão ao alcance da própria pessoa. Como ninguém os conhece, não há chave para abri-los, e eles nos marcam por dentro porque não os compartilhamos.

Mas, acima de tudo, ele nos falava da importância de mostrar nossos segredos. Dizia-nos que era como mostrar aos outros o que nos faz especial, o que nos faz diferente, e sobre isso é sempre mais difícil de falar.

Quando ele explicava essas coisas, eu o olhava muito fixamente. Queria saber o que escondia aquele homem de pele escura, olhos redondos e sobrancelhas acentuadas. Queria saber por que era especial, quais eram os segredos que o faziam diferente.

Eu nunca soube, mas ele nos ensinou algo fundamental: aquilo que tínhamos — tocos, cicatrizes, hematomas, falta de cabelo… — eram coisas que nos faziam diferentes e especiais, por isso jamais devíamos escondê-las. Tínhamos que mostrá-las com orgulho.

Ele atingiu seu objetivo: nunca me envergonhei de mostrar minhas carências. E, além de tudo, ele conseguiu que tratássemos os segredos, as coisas mais difíceis de compartilhar para nós, como testes para mostrar nossa diferença.

Quando deixei o hospital, não esqueci essas lições. Sempre que tive um segredo, pensei que era bom tê-lo e que eu decidiria quando o mostraria, quando me tornaria especial. Aquilo que escondemos é o que mais nos define.

A fórmula é...

1. Pense em seus segredos ocultos.
2. Deixe-os amadurecer e finalmente mostre-os. Tenha prazer guardando, mas tenha mais prazer ainda mostrando-os.
3. Ao mostrá-los, os segredos o tornarão especial. Seja o que for, era seu e agora é de muitos. Tudo o que escondemos é o que mais mostramos de nós mesmos.

NONA DESCOBERTA:
"JUNTE OS LÁBIOS E SOPRE"

Não sopre apenas nos aniversários. Sopre e peça, sopre e peça.

A mãe de meu amigo Antonio, careca que
nos deixou aos treze anos, soprando

Acho que durante minha permanência no hospital me deram mil injeções; não é mentira. Tenho veias embutidas, veias secas, veias escondidas. Adoro quando uma veia decide descer às catacumbas do organismo, longe da pele, longe das agulhadas. Como são inteligentes as veias!

Sempre que me espetaram, eu soprei, tanto quando sentia a dor como quando deixei de notá-la. Soprar faz com que tudo fique melhor. Gosto de pensar que há algo mágico em soprar.

Lembro que a mãe de Antonio, um carequinha muito divertido que sempre me fazia rir, nos dizia que sempre devíamos soprar e pedir desejos. Dizia que as pessoas sopram para fazer pedidos nos aniversários porque acham que os aniversários têm poder, mas o que elas não sabem é que o poder vem do sopro. Eu adorava a mãe de Antonio, sempre nos contava histórias fabulosas, cheias de exemplos. Explicava-nos, dentre muitas outras coisas, o poder do sopro.

Falava-nos das mães que sopravam as feridas de seus filhos que haviam caído da bicicleta, de arranhões que se curavam com sopros e um pouco de água oxigenada. O superpoder do sopro.

Eu acreditei piamente naquilo. Sempre que me davam uma injeção, eu fazia um pedido; nunca esquecia. Soprava, pensava num desejo e sentia uma injeção. Automaticamente sorria. Que sorte poder fazer tantos pedidos! Eu me sentia um privilegiado. Além de tudo, devo dizer que muitos deles se realizaram.

Já na minha vida normal, nunca parei de soprar. Sopro duas ou três vezes por semana, sem razão aparente; quando preciso. Como dizia a mãe de Antonio, os sopros se acumulam dentro de nós e é preciso tirá-los, extraí-los.

Então, não tenha medo e sopre no mínimo uma vez por semana. Mas sempre é preciso fazer um pedido.

Às vezes acho que muitos desejos meus se realizaram porque soprei muito no hospital.

Acho que, sem saber, o organismo nos deu uma arma contra o azar; o problema é que a rotina desse superpoder fez com que nós não o percebêssemos.

Lembre-se:

1. Faça um bico com os lábios, em forma de "O".
2. Pense num desejo, mas pense que talvez ele se realize. Os desejos devem ser desejados, não vale qualquer coisa.
3. E sopre. Expulse o ar, o seu ar. E lembre-se: quanto maior for o desejo, maior há de ser o sopro. O ideal é que sopre até que não reste nada dentro. Fique sem fôlego.

Tenho certeza de que as pessoas centenárias sopraram muito. E esse intercâmbio de ar, esse soltar e recolher, é o que lhes deu uma vida tão longa.

Antonio morreu soprando. Não sei o que pediu, mas sua mãe me disse que tinha certeza de que o pedido dele havia se realizado. Eu também acredito nisso. Juntar os lábios e soprar. Mais um desejo...

DÉCIMA DESCOBERTA:
"NÃO TENHA MEDO DE SER A PESSOA EM QUE SE TRANSFORMOU"

Albert, confie em seu passado. Respeite seu eu anterior.
> *Um dos médicos mais inteligentes que tive.*
> *Frase que me disse enquanto me explicava*
> *como seria a intervenção*

Meu médico sempre me dizia que desejava o melhor para mim, mas, às vezes, o que parecia melhor na verdade não era. É complicado saber como o corpo humano vai reagir a um medicamento, a uma terapia ou a uma operação. Mas ele me pedia que, acima de tudo, confiasse nele, e enfatizava: eu sempre acreditei que se o meu "eu" do passado tomou essa decisão era porque acreditava nela (seu eu do passado é você mesmo mais jovem alguns anos, meses ou dias). Respeite seu eu anterior.

Sem dúvida, era um grande conselho. Mas, talvez, naquele exato momento, eu não o tenha valorizado como tal. Ele estava prestes a me operar, e eu esperava que o eu dele daquele momento não estivesse enganado.

Quando saí do hospital, refleti sobre essas palavras. Era uma boa descoberta, e não só para a vida médica, mas para tudo. Costumamos acreditar que erramos nas decisões; é como se pensássemos que agora somos mais espertos do que antes, como se nosso eu do passado não houvesse avaliado todos os prós e contras.

Desde que aquele médico me falou disso, sempre acreditei em meu eu do passado. Acho até que é mais inteligente que meu eu do futuro. Assim, quando às vezes tomo uma decisão equivocada, não me aborreço, penso que eu mesmo a tomei e que ela foi pensada e refletida (sempre tento pensar e refletir sobre as decisões).

Não temos que nos desanimar pelas decisões equivocadas que tomamos. Devemos confiar em nosso eu antigo. Certamente seu eu de quinze anos pode ter se enganado por não estudar para aquela matéria, ou seu eu de vinte e três por fazer aquela viagem, ou seu eu de vinte e sete por aceitar aquele emprego. Mas foi você quem tomou as decisões e, com certeza, dedicou um tempo para tomá-las. Por que acha que agora tem o direito de julgar o que ele (seu eu antigo) decidiu? Aceite quem você é, não tenha medo de ser a pessoa na qual se transformou com suas decisões.

As más decisões fortalecem; as más decisões, depois de um tempo, serão boas decisões. Aceite isso e será muito feliz na vida e, acima de tudo, consigo mesmo.

Meu médico se enganou três ou quatro vezes. Jamais lhe joguei nada na cara porque eu sabia que o erro dele não provinha de falta de profissionalismo ou de experiência. Para errar, é preciso arriscar; o resultado é o de menos.

Tenho certeza de que, se reuníssemos seu eu de oito anos, o de quinze e o de trinta, eles não pensariam igual em quase nada e poderiam defender cada uma das decisões que tomaram. Adoro confiar em meu eu jovem, adoro viver com o resultado das decisões que ele tomou.

Tenho uma cicatriz enorme no fígado por causa de uma operação que não serviu para nada, porque, no fim, eu não tinha nada, mas meu médico achava que eu tinha câncer e que, se não operasse, eu morreria. Essa cicatriz faz com que eu me sinta orgulhoso, me faz sentir coisas muito variadas quando a vejo. Tudo que traz uma torrente de emoções é positivo, muito positivo.

Então:

1. Analise as decisões que você julga que foram equivocadas.
2. Recorde quem as tomou. Se foi você, lembre que tinha suas razões. Não se ache mais esperto que seu eu do passado.
3. Respeite-as e conviva com elas.
4. Você é 80% consequência de suas decisões. Ame-se pelo resultado do que você é. Ame-se porque foi nisso que se transformou.
5. E, acima de tudo, reconheça que às vezes você se engana. E esses 20% de erros devem ser reconhecidos e aceitos.

Como dizia aquele médico: "Reconhecer" é a palavra-chave. Você deve reconhecer a si mesmo, reconhecer como é e reconhecer a culpa.

No hospital nos ensinaram a aceitar que podíamos errar. Meu médico às vezes se enganava e sempre aceitou a culpa. O mundo seria melhor se aceitássemos que nos enganamos, que erramos, que não somos perfeitos. Muita gente tenta arranjar uma desculpa para o seu erro, arranjar outro culpado, tirar o seu da reta. O que eles não conhecem é o prazer de aceitar a culpa. Um prazer que tem a ver com saber que tomamos uma decisão equivocada e que admitimos isso.

Eu adoraria ver julgamentos nos quais as pessoas aceitassem a culpa, motoristas que fossem parados e que reconhecessem que estavam numa velocidade acima da permitida.

É importante reconhecer que erramos para, assim, tomar consciência de onde estão os erros e não cometê-los mais. Talvez muitos tenham medo do castigo que isso pode implicar, mas o castigo é o de menos; a única coisa importante é dar ao nosso cérebro os itens corretos.

DÉCIMA PRIMEIRA DESCOBERTA:
"ENCONTRE O QUE GOSTA DE OLHAR E OLHE"

Uauuuuuu!

Exclamação pronunciada pelo carequinha Marc, o mais novo. Olhos arregalados e um carro prateado estacionado a um milímetro dele

Havia um menino de cinco anos que foi internado no hospital com câncer de tíbia. Às vezes ia conosco ao sol. O sol era um lugar que tinham providenciado para nós, ao lado do estacionamento; ali havia uma cesta de basquete e sempre batia sol.

Era complicado conseguir um passe de sol. Você tinha que se comportar muito bem. Normalmente nos deixavam ficar no sol das cinco às sete. Eu adorava sair do hospital e ir ao sol, fazia com que eu me sentisse bem. Eu sentia como se fosse viajar a Nova York; o contraste era enorme. Ficávamos essas duas horas tomando sol, nos bronzeando.

O garotinho às vezes nos acompanhava. Mas ele não ficava tomando sol com os outros. Ficava em pé, com os olhos fixos nos carros que estacionavam. Quando estacionavam direito, ele ficava maluco, arregalava os olhos, sorria, ria e aplaudia escandalosamente. Se demoravam para estacionar ou faziam muitas manobras, ficava furioso, irritava-se. Um dia chegou até a dar uns pontapés em um carro.

Não sei de onde vinha essa paixão por carros, mas, com o tempo, paramos de tomar sol para olharmos para ele. Era um espetáculo digno de se ver. Ele era passional, inteligente, observador; era um enigma para nós.

Acho que não olhava os carros, olhava o movimento, os tempos, os giros, a elegância. Isso o deixava maluco: as formas, a energia do giro, a doçura de uma boa parada.

Poucos meses depois, detectaram metástase nos dois pulmões dele. Naquele dia descemos ao sol juntos. Ele não tinha passe, mas conseguimos levá-lo com um passe falso que um colega havia deixado.

Eu sabia que ele ficaria bem olhando os carros. Ficamos quase as duas horas do sol observando como as pessoas estacionavam. Quando estávamos voltando para o hospital, eu lhe perguntei: "Por que gosta tanto de olhar os carros, Marc?" Ele me encarou e respondeu: "Por que vocês gostam tanto de olhar o sol?" Eu lhe disse que não olhávamos o sol, que era o sol que nos proporcionava... que nos bronzeava... que era agradável... que... A verdade é que eu não sabia por que ficávamos olhando o sol.

Não julgar; essa foi a grande lição que aprendi nesse dia com aquele menino. Ele olhava carros, e eu olhava sois. Eu ficava muito quieto, e ele enlouquecia com o que via. Com certeza seus carros lhe davam tanto quanto o sol me dava: cor, saúde e felicidade. Suponho que ver carros estacionando nos dê coisas também. O importante não é o que você olha, mas o que o ato de olhar lhe transmite.

Naquele dia me enfureci muito, chorei tanto aquela noite... Não queria que aquele menino morresse em poucos meses. Aquele garoto, o modo como ele olhava as coisas tinha que sobreviver, tinha que chegar a dirigir países, a liderar homens. Havia algo em sua paixão que me incendiava. Eu não soube que fim levou. Acredito que, onde quer que esteja, ele continua olhando com paixão.

Não julguei mais. Apenas usufruo das paixões alheias. Tenho amigos que observam sons de pássaros, paredes e até ondas de celular.

Encontre o que gosta de olhar e olhe.

DÉCIMA SEGUNDA DESCOBERTA:
"COMECE A CONTAR A PARTIR DO SEIS"

Modifique seu cérebro.

> *Frase dita por um neurologista de pijama azul,*
> *momentos antes de eu fazer uma tomografia*

Fiz três tomografias cerebrais. É preciso ficar muito quieto. Tento não pensar em nada pessoal, tenho medo que a máquina imprima o pensamento. Eu sei que essas máquinas não imprimem, mas tenho a sensação de que tudo fica registrado, de modo que não penso em nada.

Certo verão, aquele do mundial em que Lineker foi campeão, eu estava havia três horas esperando na sala de um hospital e a única coisa que pensava era que estava perdendo um jogo da semifinal. Tinha certeza de que, quando fizessem a tomografia, veriam Lineker, seus gols e toda a torcida vibrando.

Havia ali um homem que olhava para mim. Era um homem de olhos pequeninos. Usava um pijama azul, como eu. Logo começamos a conversar: "Como demoram. Vai fazer uma tomografia?" São perguntas que unem em uma sala de espera.

Aproximamo-nos. Nenhum dos dois foi aonde estava o outro, mas a um lugar novo. Ele me disse que era neurologista. E a conversa se centrou no cérebro, nos famosos 10% que utilizamos. Isso é algo que sempre me preocupou. Desejo muito que nossos sucessores cheguem a usar 30%, ou 40%. No fim das contas seremos lembrados como os que utilizavam 10%: tem o pessoal dos paus, o das pedras e o dos 10%; esses últimos somos nós. Avançamos muito, mas para as pessoas do século XXX seremos como são para nós agora os homens primitivos.

Esse neurologista me disse que para conseguir mais capacidade cerebral era preciso apenas modificar o cérebro.

Se você diz a um garoto de quinze anos as palavras modificar e cérebro, ganha sua atenção imediatamente. Como se faz isso? Eu quero.

Ele me falou de números. Foi um exemplo simples. Mostrou-me quatro objetos; eram quatro revistas. Pediu-me que as contasse. Eu disse que eram quatro. Ele perguntou: "Você teve que pensar?" Respondi que não, que era simples. Comecei a duvidar que ele fosse neurologista, parecia mais um paciente do oitavo andar (a psiquiatria). Então me mostrou cinco revistas e me pediu que as contasse. De repente, percebi que meu cérebro estava em funcionamento. Estava contando, eu não podia fazer aquilo sem contar. Ele sorriu para mim, seus olhos se apertaram ainda mais: "Está contando, não é?" Olhei para ele, alucinado.

Ele me explicou que, a partir do cinco, nossos 10% de cérebro começam a contar. A maneira de exercitá-lo é começando a contar a partir do sete; depois, a partir do oito. Assim, o obrigaremos a ampliar sua capacidade, a acionar mais neurônios ao mesmo tempo. Modificá-lo pouco a pouco para que não seja tão folgado, até que não notemos como começa a funcionar.

Eu queria mais. Ele me falou que, quando vemos nove pessoas, temos a sensação de grupo. Até oito não lhe damos valor, mas, a partir de nove, nosso cérebro o identifica como uma pequena multidão. Maneiras de modificar nosso cérebro: fazê-lo começar a pensar em multidão a partir de quinze ou vinte.

Isso era como mudar a configuração de fábrica, a que vem de série. Era possível? Ele respondeu que se tratava de um cérebro, então a configuração de fábrica não existia e todas as mudanças eram possíveis.

Chamaram-me para fazer a tomografia. Eu sabia que quando saísse não o encontraria mais. Isso acontecia muito no hospital; você saía um minuto e aquele com quem havia se conectado desaparecia.

Despedi-me gritando: "Vou conseguir um cérebro de 15% ou 20%!" Ele me devolveu o sorriso. Instantes antes de fecharem a porta onde iam me fazer o exame, reconheci uma tristeza, uma imensa tristeza que emanava dele. Não sei o que era, mas me fez cambalear; sem dúvida, aquele homem irradiava alguma coisa.

Deitei-me no tomógrafo e me pediram que não me mexesse. Lembro que aquele dia foi o primeiro em que comecei a modificar meu cérebro. Sempre que ele dá algo por certo, eu rebato e modifico o que ele acha que é a resposta correta. Mantenho um diálogo e mudo o que vem de série.

Com o tempo, descobri que aquele homem não estava triste, estava muito feliz. Meu cérebro acreditou que aquele olhar perdido, cabisbaixo, irradiava tristeza. É o que vem de fábrica. Mas, na realidade, era felicidade, a felicidade de escutar um garoto de quinze anos gritar a frase na qual ele mais acreditava.

Essa descoberta serve para a vida real? Não só serve, como é muito efetiva; poderia ser definida também como não seguir ao pé da letra a primeira coisa que se pensa. Pense bem no que você pensa. Busque, não se conforme com o primeiro pensamento.

É possível modificar seu cérebro. Eu consegui fazer com que meu cérebro conte a partir do seis; pode parecer pouco, mas estou muito orgulhoso.

Portanto, não acredite em nada que venha de série. Questione tudo e sua vida vai melhorar.

DÉCIMA TERCEIRA DESCOBERTA:
"A BUSCA DO SUL E DO NORTE"

Se os sonhos são o norte e se realizam, você vai ter que ir para o sul.

Uma enfermeira na UTI, enquanto
acariciava meu cabelo e eu notava
que só tinha um pulmão

Esse conselho fala por si mesmo.

Não quero me estender em algo que acredito ser tão evidente.

Onde o ouvi? Na UTI. Havia acabado de sair da cirurgia de pulmão e perdera capacidade pulmonar; um pulmão não existia mais. O que fizeram com ele depois? Sempre me perguntei isso.

Uma enfermeira se aproximou e me olhou. Acariciou meu cabelo. Gostei muito dela. Através da máscara tentei agradecer o mimo, mas com certeza meu rosto, atordoado pela anestesia, devia expressar o contrário.

Ela estava falando com outra enfermeira, que acariciava o dedão do único pé que me restava. Juro que não estou inventando. Teve um aspecto sexual, mas foi maravilhoso acordar depois de perder um pulmão e receber tanto carinho.

A garota mais jovem disse à mais velha: "Os sonhos são o norte de todo o mundo. Quando você os realiza, tem que ir para o sul".

Fiquei fascinado com essa frase! Quase fiquei sem ar... Por sorte tinha um respirador, então não precisei me preocupar.

Elas foram embora, e pensei: "Quanto norte me resta para percorrer e quanto sul vou conquistar quando realizar meus sonhos!"

Em minha vida fora do hospital coloquei isso em prática. Às vezes, quando você tem sorte de realizar seus sonhos, vê como chega ao norte. Mentalmente vejo a parte norte de minha vida, então busco outro sonho e me digo: "Este deve estar no sul".

Eu sei, estava anestesiado e sendo tocado por duas enfermeiras. Devia acreditar nesse conselho tão influenciado por circunstâncias externas? Resposta: esse, talvez, é o que mais deva seguir, porque é o que mais fundo me tocou.

Sul e norte. Só isso. Busque o sul, busque o norte. Não deixe de ir de um a outro.

DÉCIMA QUARTA DESCOBERTA:
"ESCUTE A SI MESMO IRRITADO"

Meu pai não tem carro, mas aos sábados vamos ao pátio gritar com o guarda de lá. É divertido.

Jordi, um pelón peculiar, porque seu cabelo jamais caiu. Uma avis rara

Às vezes precisamos desabafar. É uma lei da vida. Soltar uma meia dúzia de gritos. Senão, explodimos.

Havia no hospital um garoto que nos dizia que às vezes ia com seu pai aos pátios de veículos; lá, seu pai gritava com o policial de plantão. Dizia que era uma vergonha que levassem seu carro, que queriam fazê-lo pagar cento e vinte euros; berrava feito doido. Dez ou doze minutos depois, voltavam ao carro e iam embora. O carro deles jamais havia sido guinchado; o pai simplesmente havia encontrado um lugar onde desabafar. Um lugar equivocado? Com certeza, o pobre policial de plantão não merecia aquela explosão de raiva. Às vezes penso nesses policiais ou nas pessoas que trabalham com bagagem perdida no aeroporto. Onde devem ir para desabafar? Que vontade podem ter de ir para o trabalho toda manhã?

Acho que o pai de Jordi (um *pelón* que tinha cabelo; estranho, muito estranho) foi a um lugar errado; com certeza há jeitos mais simples de desabafar. No hospital às vezes gritávamos para um gravador. Foi ideia de um dos residentes que ia nos ver aos sábados. Era jovem e tinha vontade de mudar o mundo. Agora é chefe de departamento e a couraça que a maioria dos médicos usa fez com que esquecesse tudo isso. Mas aqui estou eu para fazê-lo lembrar. É bom que nos lembrem de todo o bem que fizemos.

O residente levava um gravador e desabafávamos um por vez. Dizíamos tudo o que nos enfurecia. Às vezes eram muitas as coisas que nos tiravam do sério. É terrível quando você acha que vai ganhar um passe de fim de semana e no fim não o recebe. Então gritávamos, expulsávamos tudo que nos sufocava e que nos dava uma sensação ruim. Os outros não diziam nada, apenas nos olhavam.

Depois o residente nos fazia escutar a gravação. Sempre era um momento fascinante: escutar-se gritando, escutar-se irritado, parecendo um louco, um paranoico. De repente, tudo que parecia fazer sentido, tudo que eu teria defendido um segundo antes, parecia-me sem fundamento. É como se a minha raiva se dissipasse com o eco da minha indignação.

O eco da raiva tem esse poder: o poder de minimizar a irritação, o poder de nos mostrar como é absurdo gritar e perder as estribeiras.

Nada melhor do que ser você mesmo a pessoa a suportar seus gritos. Experimente, você vai se sentir melhor e, pouco a pouco, vai parar de gritar, de se irritar; acima de tudo, não vai gritar com as outras pessoas. Vai ver como é absurdo quando você fica assim.

DÉCIMA QUINTA DESCOBERTA:
"BATA PUNHETAS POSITIVAS"

A pessoa é o que é depois de uma punheta.

> *Fisioterapeuta que não conseguiu que eu desenvolvesse o quadríceps, mas que era divertido como poucos*

Sou um grande defensor das punhetas. Há alguns anos escrevi uma obra que se chamava *El club de las pajas* [O clube das punhetas]. Minha paixão por punhetas provém da má fama que elas têm. Sempre se fala delas com deboche, com humor, como piada, como uma questão de segunda classe.

As punhetas me intrigam muito, principalmente o que se esconde por trás delas. Às vezes é paixão não conhecida, às vezes amor desmesurado, às vezes sexo, às vezes vergonha, às vezes desejos ocultos. As punhetas sempre dão mais informação sobre uma pessoa do que todos os dados que possamos perguntar.

"A pessoa é o que é depois de uma punheta." Um fisioterapeuta me disse isso. Explicou-me que depois de bater uma punheta quem resta é só você. Nesses dois ou três minutos depois da masturbação aparece a essência de quem você é.

Também dizia: "As punhetas são como suicídios exteriores. É como se matar por fora". Era um sujeito muito alto, de quase dois metros e dez, e falava de bronhas como outras pessoas falam de futebol ou de cinema. Falava com tanta paixão que era impossível não escutá-lo. Adoro quando descubro paixão; a paixão é o que mais me interessa.

Sem dúvida ele fez com que eu me interessasse por bronhas, e esse interesse jamais decaiu. Acho que batemos punhetas quando nos sentimos bem e quando estamos fodidos. É algo invariável na vida. É uma forma de canalizar energia.

O fisioterapeuta era apaixonado por "punheta positiva", que, segundo ele, é a punheta que você bate pensando em uma pessoa e que dá sorte a ela. Após lhe dedicar uma bronha, a sorte vai para o tal inspirador.

Sempre me pareceu poética essa maneira de focar a punheta. Dediquei tantas punhetas positivas em minha vida! Você se sente poderoso, provido de um dom.

Então, não tenha medo, faça. Apenas obrigue-se a pensar em uma única pessoa. E deixe que a magia faça o resto.

DÉCIMA SEXTA DESCOBERTA:
"O DIFÍCIL NÃO É ACEITAR COMO SOMOS, MAS COMO SÃO AS OUTRAS PESSOAS"

Uns vomitam e outros não vomitam.

Grande frase de uma enfermeira.
Eu estava vomitando nesse dia

Bem, essa descoberta, na realidade, são duas; duas em uma.

1. Aceite quem você é. Não é fácil, eu sei. Santo Agostinho dizia: "Conhece-te, aceita-te, supera-te". Acho que ele era muito otimista ao pensar que é possível fazer as três coisas. Eu sempre me conformei com me conhecer. Não é fácil se conhecer, saber quais são seus gostos, as coisas que lhe agradam, o que não aprecia.

    Mas é possível; dedique-se, busque, rebusque, torne a buscar e finalmente vai começar a ter um retrato falado de quem você é.

2. Depois de se conhecer, e se conseguir se amar, então vem a parte mais complicada. A segunda parte da descoberta: conhecer as outras pessoas e aceitá-las como elas são.

    Sei que pode parecer um mandamento religioso, mas, na realidade, trata-se pura e simplesmente de ter com os outros a mesma paciência que teve consigo mesmo. Aceitar como são, aceitar como não são, é o início para aceitar como você é e como não é.

3. E daí vem o resto da frase. O difícil não é aceitar como você é, mas como os outros são. Esse é o desafio. Não esqueça que às vezes, quando já nos conhecemos, pensamos que chegamos à meta. Mas à meta está longe, muito longe ainda. A cada dia conheceremos mais e mais pessoas e teremos que dedicar todas as nossas forças para entendê-las.

Essa descoberta, que parece tão complexa, vem de uma enfermeira. Havia um garoto que conseguiu não vomitar com a quimioterapia, e, a partir desse dia, o fato de que os outros vomitavam ao seu lado o incomodava. Ele não tentava compreender e conhecer os outros; ele havia atingido seu objetivo e parecia que o resto dos humanos devia seguir seus passos. A enfermeira nos disse que alguns vomitam e outros não vomitam. Daí tirei o resto.

Ela conseguiu que o menino que não vomitava nos contasse seu truque; um deles era beber Coca-Cola, que, segundo ele, era um grande antiemético.

Foi impressionante vê-lo dar conselhos. É que, às vezes, mais importante do que seguir um caminho é desfazer nossa trilha, pegar outra diferente e perceber que existe outra forma de ir a um lugar. Não julgar, não tentar ser radical. Qualquer caminho pode ser bom, só precisamos ter consciência de que ele é resultado de alguma decisão.

DÉCIMA SÉTIMA DESCOBERTA:
"O PODER DOS CONTRASTES"

Não vamos morrer de câncer, mas de tédio.

Um dos nossos cânticos favoritos

No quarto andar do hospital em que sempre estive internado, sonhávamos com coisas que não tínhamos.

Mais tarde dei palestras em hospitais, e muitos doentes me disseram o mesmo: faltam coisas nos hospitais, falta diversão.

Tínhamos uma máxima no hospital: "Não vamos morrer de câncer, mas de tédio". É que todo mundo pensa que em um hospital sua vida tem que parar, que você não deve se divertir. E a realidade é o contrário. Sua vida normal é que para, portanto, você precisa de muito mais atividades para contrabalançar essa inatividade.

Lembro quando as pessoas diziam que *Crónicas marcianas** era um lixo de programa. Acho que todos esses críticos nunca haviam pisado num hospital na hora em que passava

---

* Programa da televisão espanhola transmitido pelo canal Telecinco entre 1997 e 2005. (N. da T.)

o programa. Milhares de doentes riam, divertiam-se com ele. Dava-lhes vida, dava-lhes força. Tornava-os participantes de um mundo do qual momentaneamente haviam sido afastados.

Eu sempre achei que falta muita imaginação para projetar hospitais. No início, as salas de quimioterapia não tinham nem um único entretenimento. Mais tarde, um pequeno aparelho de tevê presidia a sala, mas você precisava ter uma visão de águia para poder enxergar.

Mas onde estão o xadrez, os jogos de tabuleiro, as cartas, as tevês de cinquenta polegadas de plasma, os videogames, a conexão wi-fi para navegar na internet? Sim, sim, não é nenhuma piada, tudo isso deveria estar nos hospitais. Conectar as pessoas com o mundo é muito necessário para que possam lutar em condições adequadas.

Às vezes as pessoas não percebem o potencial de vida dos doentes. Eu sempre recomendei que os próprios doentes dessem palestras. Eles têm experiências que o deixariam impressionado. Com certeza, se a palestra fosse fora dali, você iria. Então, imagine se for dada por seu colega de quarto de pijama azul que está bem ao seu lado.

Quando você está doente, surge sua segunda vida. Uma vida que você não pode deixar de viver, porque, por mais doente que esteja, você continua vivo. Eu tive minha vida fora e minha vida dentro. Agora vivo minha vida fora, mas quem sabe se minha vida dentro voltará um dia? As duas vidas compartilham umas coisas, mas diferem em outras. Continuar vivendo, isso é que importa. A infância, a adolescência ou a idade adulta devem ser vividas mesmo quando se está doente.

Mas, para isso, é preciso pista para correr, cenário para sair. Às vezes os hospitais têm poucos contrastes, e o fundamental na vida é juntar contrastes. Eu sempre achei que, quando juntamos dois contrastes, algo mágico acontece. Por isso muitas relações pessoais se baseiam no pouco que os dois membros do casal têm em comum.

Mais contrastes deveriam ser unidos. Estes são alguns que espero que logo se tornem realidade. É uma lista que não segue uma ordem, uma lista que é fruto de anos no hospital e outros anos fora dele.

1. Uma piscina olímpica em um hospital. A natação faria tão bem a tantos doentes! Poder mergulhar e se sentir como um peixe.
2. Boliche em um aeroporto. Relaxar é fundamental. Relaxar jogando boliche poderia gerar muito bem-estar. Esporte e aeroporto; qualquer esporte seria positivo em um aeroporto. Agora estão surgindo academias. Devem estar fazendo um bem danado!
3. Um salão de cabeleireiro em um cinema. Um bom corte de cabelo antes de ver um filme. Vou cortar o cabelo e ir ao cinema. Alguém que nos propusesse um novo estilo, um barbear ou simplesmente uma massagem ou uma depilação seria maravilhoso. Que filme vai ver? Então, recomendo tal ou qual penteado.
4. Livros nos bosques. Pequenas bibliotecas no meio do bosque. Uma vez que os livros provêm dali, vamos deixar alguns ali. Vamos criar uns armários e depositá-los lá. Sem dúvida seria legal subir uma montanha e encontrar os livros perfeitos para ler.
5. Bares nos bancos. Pequenos balcões enquanto esperamos que nos liberem um crédito ou sacamos parte do salário.

Por que um banco tem que ser tão sério? Por que não pode haver ali um balcão de bar para conhecer outros clientes, saber seu tipo de interesse, o que esperam da vida, de suas ações? Com certeza muita gente pela manhã diria alegremente: vou ao banco, volto em dez minutos. Um bom café, um lanchinho antes de decidir o que fazer com suas economias. De um lado, você pede uma porção de lula, do outro, duzentos mil euros. Vamos ver o que lhe dão primeiro.

DÉCIMA OITAVA DESCOBERTA:
"HIBERNE POR VINTE MINUTOS"

Não se mexa. Respire, não respire.

Hits que se escutam em qualquer
sala de radiografia

Certas frases você ouve até se cansar no hospital; acabam fazendo parte de você, como se estivessem na moda. É como quando uma frase fica famosa em um programa de televisão e as pessoas não conseguem parar de repeti-la. Pois no mundo hospitalar acontece a mesma coisa; esta é uma delas.

"Não se mexa. Respire, não respire" é a que você mais escuta quando vai fazer uma tomografia ou uma radiografia. Eles precisam, acima de tudo, que você não se mexa, que fique bem quietinho para que tudo apareça no lugar. O tempo de imobilidade é entre quinze minutos e uma hora e quinze. Portanto, é preciso se armar de muita paciência para usufruir desses momentos; devemos tomá-los como momentos de paz interior.

Sem dúvida, para aproveitar com o câncer, você tem que curtir os tempos perdidos, pois eles são a base de tudo quando você tem essa doença. Isso é o mais difícil: não fazer nada, ficar quieto, mesmo que por dentro tenha vontade de sair, voar, brincar, trabalhar.

Isso é o que você precisa controlar, isso é o mais difícil de aceitar. Ficar em uma sala sozinho, já que ninguém quer tomar radiação. E eu? Por acaso eu quero tomar radiação? Eu sempre me perguntava isso quando todos saíam.

No entanto não se trata só de ficar quieto, mas também de ficar em silêncio.

E como se tudo isso não bastasse, você tem não só que administrar seu silêncio, mas também sua respiração. Muito silêncio, muita quietude e muita respiração controlada.

Sem saber, cada vez que eu fazia uma radiografia, eu entrava em contato com meu eu interior. Era como um ato de busca e encontro, uma autoanálise; uma ioga estranha que fazia com que eu me sentisse melhor. Saía da sala de radiografia melhorado.

Por isso, quando me curei, continuei utilizando esse método. Todo mês tento dedicar um dia a fazer uma radiografia. Não tenho aparelhos de raios X em casa, mas eles não são necessários para nos estudarmos por dentro.

1. Deito-me na cama. Fecho as portas, desligo o celular e fico quieto, muito quieto.
2. Mentalmente digo a frase número um da *hit parade*: "Não se mexa. Respire, não respire".
3. Faço isso durante vinte minutos. Proíbo-me de fazer qualquer atividade que não seja pensar em não me mexer e racionar o ar que respiro.
4. E, de forma mágica, quando acabo esse momento de não fazer nada, consigo solucionar questões enferrujadas, en-

contrar sentimentos que pareciam perdidos e acreditar (depois é preciso verificar) ter a solução para tudo.

Talvez pareça meditação, mas, na realidade, é simplesmente estar quieto. Tudo seria melhor neste mundo se todos ficássemos um tempo quietinhos, muito quietinhos. Hibernações de vinte minutos.

DÉCIMA NONA DESCOBERTA:
"PROCURE SEUS COLEGAS DE QUARTO DE HOSPITAL FORA DELE"

É meu irmão, meu irmãozinho de hospital.

Meu irmão de hospital. Antonio,
o Grande, autor e compositor

Tive a sorte de ter grandes colegas de quarto. Em alguns capítulos já falei de alguns deles. São como irmãos por horas, dias ou meses. Mas atuam como irmãos, como "amarelos" em potencial.

Adoro essa sensação de chegar com roupa de rua a um quarto, encontrar esse desconhecido (de pijama e com a parte mais importante de sua família ao lado) e saber que em poucos dias seremos íntimos.

Sempre que chegamos a um hospital, nos deixam a cama mais próxima da janela. É como um pacto não escrito, mas eles sabem que vamos precisar nos aproximar da janela e olhar o mundo que deixamos para trás momentaneamente. Também existe outro pacto implícito, que é permitir que no primeiro dia o doente não ponha o pijama. O recém-chegado tem vinte e quatro horas para se aclimatar.

É muito difícil deixar a roupa normal e se enfiar em uma cama ao meio-dia quando nos sentimos bem. Normalmente, depois de pôr o pijama, levamos mais quase vinte e quatro horas para entrar na cama.

Nessas primeiras quarenta e oito horas é quando nosso colega de quarto começa a nos ajudar. Às vezes com palavras, às vezes apenas com gestos. Às vezes pura e simplesmente nos explicando o que ele tem, o que sentiu e o que está sentindo no momento. A experiência é a base da comunicação; ver-se refletido faz com que se ganhe metade da batalha.

Meu melhor colega de quarto se chamava Antonio e era de Mataró. Ele tinha um buraco enorme na sola do pé, cabia quase uma bola de pingue-pongue ali. Mas ele era puro fogo, pura fibra. Tinha mais energia do que quase todas as pessoas que conheci mais tarde.

Ele tinha dezenove anos e eu tinha catorze. Ele me fazia rir muito. Permitiu-me ficar quase quatro dias sem pôr o pijama, e para isso me defendeu perante médicos e enfermeiras; explicou-lhes que gostava de me ver vestido, que era como ter visita.

Ele tinha um pequeno piano no qual tocava canções e, pouco a pouco, por meio da música, foi me ajudando. Ele tocava e eu cantava. Compusemos grandes canções, e a que fez mais sucesso foi: "Dame un fin de semana", e depois essa: "Márcate un pase de sol".

Ele era uma pessoa sensacional que, sem saber, ia se apagando dia a dia. Cada dia menos médicos iam vê-lo e chegavam mais visitas da rua. Esse é, sem dúvida, o sinal mais evidente de que você está morrendo: quando começam a desfilar amigos a toda hora e os médicos espaçam suas visitas porque já não têm muito a lhe dizer.

Ele me falava do amor e das mulheres. Era seu tema favorito: como encontrar a mulher perfeita, como encontrar o amor de sua vida. Dois dias antes de morrer ainda buscava, ainda filosofava sobre isso. Acho que o amor era o que o fazia tão especial; essa busca se refletia em seu rosto.

Morreu. Eu não o vi morrer. Jamais os víamos morrer; quase sempre eram levados para morrer em casa. Sabíamos que, quando iam embora, morriam, mas nos despedíamos em vida; isso sempre foi muito bonito.

Ele me deixou seu piano, disse-me que um dia valeria milhões. Ainda o tenho, ainda o toco. Sem dúvida, ele me deu parte de sua força. Não o dividi, pedi para ficar com ele inteiro; solicitei, e me concederam o pedido. Ele todo está dentro de mim e, sem dúvida, é 90% da paixão que há em mim.

Tive vinte colegas de quarto: dezenove foram demais, um foi horrível (roncava, não falava e era um chato que só repetia: "Sou um ser humano"). Os dezenove restantes me marcaram. A estatística é francamente positiva.

Ainda agora procuro colegas de quarto; acho que é o que mais busco. Você pode encontrar colegas de quarto na vida real; só precisa saber que não os encontrará em um hospital, mas fora dele: em um elevador, em um emprego, em uma loja.

Os amarelos (logo falaremos muito deles) são a base do mundo.

Mas o importante é procurá-los, buscar esses colegas de quarto.

1. Repare em um desconhecido. Alguém que lhe chame poderosamente a atenção.

2. Fale com ele. Simplesmente fale. Expresse o que ele lhe sugere. Busque um modo de desvendá-lo, suavemente, muito suavemente.
3. Conceda-lhe quarenta e oito horas. As pessoas sempre precisam de quarenta e oito horas para baixar a guarda, para confiar, para pôr o pijama, para aceitar alguém.
4. E curta seu colega de quarto.

Mas isso é apenas o começo. Se você encontra colegas fora, pode também encontrar o resto: os zeladores, os médicos, as enfermeiras e os amarelos.

Não quero dizer com isso que tenha que conhecer médicos fora do hospital e ficar amigo deles, mas que certas pessoas podem agir com você do mesmo modo que um médico age em relação a seu corpo e a sua doença.

1. Para mim, encontrar médicos é encontrar gente que possa nos curar ou escutar. São necessários, fazem parte da rede amarela, ou de amigos. Mas é necessário poder dividi-los, poder criar uma diferença entre eles, porque, desse modo, você saberá que deve recorrer a esse tipo de amigos amarelos médicos quando não estiver bem.
2. As(os) enfermeiras(os) são e serão gente que pode acompanhá-lo a qualquer lugar, dar força em silêncio ou estar com você em milhares de problemas que tiver. É esse tipo de gente a quem você acaba agradecendo por algo que fizeram milhares e milhares de vezes, porque o fato de eles o acompanharem a um lugar chato num dia ensolarado de verão, quando poderiam estar na praia, não tem preço.
3. Os zeladores são pessoas pontuais, são encontros fortuitos, gente altruísta que lhe dá uma mão em um momento deter-

minado da vida. Tanto pode ser em uma estrada, quando você está com um problema no carro, como emprestando-lhe dinheiro depois de um roubo. É o que muita gente denomina de almas caridosas. Para mim, esses são os zeladores.

Sobre os amarelos, vamos falar bastante daqui a pouco. Paciência, paciência. Por enquanto, vamos criar o hospital fora, o entorno.

VIGÉSIMA DESCOBERTA:
"QUER TOMAR UM *REM* COMIGO?"

As noites lhe dão forças para mudar o rumo de sua vida. Você só precisa saber que quer mudar e que o amanhecer não vai chegar logo.

Cristian, o irmão de alguém que esqueci

A noite é o momento mais amarelo do dia. Adoro a noite, ela permite que quase tudo se torne realidade.

As noites no hospital eram maravilhosas. Eram tranquilas. Durante anos nós, os carecas, fugíamos à noite, pegávamos nossas cadeiras de rodas e nos aventurávamos, percorrendo aqueles seis imensos andares.

Não tínhamos moto nem podíamos ir a uma balada, mas tínhamos cadeiras de rodas e muitos lugares para visitar e onde brincar. Todos os dias cada um escolhia aonde ir, onde passar a noite. Meu programa preferido era ir ver os "outros carecas": os bebês recém-nascidos. Era uma sensação estranha: íamos, fazíamos umas caretas para que rissem e eles nos olhavam e faziam seus barulhinhos.

Eles tinham a vida toda pela frente; a nossa estava chegando ao fim.

Sempre acreditei no poder da noite; tenho certeza de que a noite consegue fazer com que os desejos se tornem realidade. Foram tantas as noites no hospital em que me senti capaz de vencer meus medos e mudar o rumo de minha vida que, sem dúvida, essa força só tem uma dificuldade: ultrapassar os sonhos, ultrapassar o alvorecer. É aí que residem as pessoas de sucesso, as que transformam seus sonhos em realidade; elas são capazes de superar o amanhecer. Cristian, o irmão de alguém, alguém que esqueci, sempre dizia isso. Às vezes a visita nos marca mais que o visitado.

Eu sempre procurei fazer com que minhas melhores ideias nascessem quando a noite já tivesse avançado bastante; às três ou quatro da madrugada. Esse momento da noite é o melhor para traçar planos. É como se, quando você está quase dormindo, todo o seu eu estivesse de acordo com o que você pensa, o que o anima e o que lhe dá forças.

O sonho nos adoça. Quantas boas ideias já não nos parecem boas pela manhã, e quantas vezes aquilo que decidimos de repente perde a força? Acho que o sonho nos torna menos animais e mais humanos. Mas ainda não tenho certeza se isso é bom.

Durante minha permanência no hospital tomei as grandes decisões nessas horas de vigília, antes do sonho. Adorava acordar a essa hora (o hospital inteiro dormia, inclusive as enfermeiras), parecia que todo o lugar era meu. Eu planejava minha vida, criava sonhos e aspirava a tudo.

Quando saí do hospital, tornei a fazer isso; confio muito nas madrugadas. Além de tudo, como sei que um dia surgirá um medicamento para deixarmos de dormir, tenho certeza de que então essa hora será o momento de uma nova refeição: o REM.

O REM terá ainda mais importância do que o almoço e o jantar. Você vai tomar o REM com gente especial, gente que, como você, acredita nessa hora. Quando esse momento chegar, espero estar preparado.

VIGÉSIMA PRIMEIRA DESCOBERTA:
"O PODER DA PRIMEIRA VEZ"

Os "retalhos" são nosso maior tesouro. São o que somos.

Um professor que dava aula para nós. Falava mais dos retalhos que da matemática, porque acreditava que a esqueceríamos. Os retalhos perduram

Ele sempre começava com a frase: "Não há nada como um bom retalho. Um retalho é um pedaço de vida que todos vivemos".

Eu acredito muito nos retalhos (talvez até mais que o professor, eu diria; às vezes o aluno pode superar o mestre), porque houve um tempo em que os perdi. Os retalhos ocorrem especialmente na infância e na adolescência. A vida de todos nós está cheia de retalhos.

Houve um tempo, no hospital, em que deixei de ter retalhos. Bom, isso não é totalmente verdade; troquei-os por outro tipo de retalhos. Retalhos hospitalares que compartilho com outras pessoas que viveram no hospital.

Os "retalhos" poderiam ser definidos como coisas que um belo dia fazemos pela primeira vez e que nos marcam porque ficam para sempre dentro de nós.

Por exemplo, este é um triplo retalho relacionado com os transportes:

1. Há o primeiro dia em que você sai andando do colégio com um amigo. É a primeira vez que desce caminhando, papeando sobre suas coisas. Todos vivemos esse momento: andar com alguém e separar-se em determinado trecho. É uma forma de se sentir adulto. É mágico, é um retalho de quando se tem sete ou oito anos.
2. Anos mais tarde, lá pelos dezesseis, você vive outro retalho que tem a ver com chegar em casa. Já não vai a pé para casa, quer pegar seu primeiro táxi. Vai com um amigo, procuram um táxi, não o encontram, xingam os que não param. Esse é outro retalho de amadurecimento, de sentir que você está crescendo.
3. E, finalmente, um dia, aos dezenove, você tem carro e leva um amigo (quem sabe o mesmo dos dois casos anteriores) para casa. E com esse amigo continua conversando até as tantas no carro. Novamente acaba de ocorrer outro retalho.

Acho que não há nada na vida que eu goste mais do que procurar retalhos. Depois de descobri-los, de aquele professor nos mostrar o que eles são, comecei a colecioná-los. No hospital, os retalhos me serviam para aguentar. Eles ocorrem desde uma idade tão precoce que formam a essência de nossa vida. A cada ano resgato dois ou três retalhos e me sinto bem, me sinto feliz com esse reencontro.

As pessoas às vezes esquecem que somos fruto do que vivemos em nossa infância e em nossa adolescência; somos produto de muitos retalhos. E às vezes fechamos essa porta, sendo que deveríamos mantê-la sempre aberta.

Durante alguns anos meus retalhos foram bastante estranhos: minha primeira amputação de perna, minha primeira perda de um pulmão. Mas não deixam de ser retalhos.

Mesmo agora, já adultos, vivemos muitos retalhos, o que acontece é que não percebemos. Acho que, para nos conhecermos, precisamos voltar a nossos retalhos, analisá-los e aceitá-los como são.

Minha vida é composta de retalhos e cheiros, e isso é o que faz de mim o que sou.

VIGÉSIMA SEGUNDA DESCOBERTA:
"TRUQUE PARA NÃO SE IRRITAR JAMAIS"

Busque seu ponto de não retorno.

> *Radiologista com orelhas pequenas e*
> *sobrancelhas enormes que nos hipnotizava*
> *com seu tom de voz e suas histórias*

Acho que não há nada que eu odeie mais do que me irritar; gritar, xingar, não poder controlar esse momento.

No hospital, às vezes amaldiçoávamos nosso destino, às vezes nos irritávamos com ele. Um médico (um radiologista que às vezes nos contava piadas quando saía do plantão) nos ensinou a controlar nossa irritação, a sermos capazes de conhecer nossos limites.

Falou-nos do "ponto de não retorno". Esse ponto em que, uma vez que o ultrapassamos, não podemos deixar de ficar irritados. Ele existe, é tangível, é material; podemos senti-lo, e, portanto, podemos controlá-lo.

Nosso amigo radiologista nos fazia pegar uma folha de papel e escrever o que percebíamos antes de chegar a esse ponto, os graus de irritação. Como são? O que você percebe quando sente que não pode controlar sua raiva, sua ira?

Era uma lista de três ou quatro pontos parecidos com estes:

1. Noto que o que a outra pessoa diz está me incomodando.
2. Começo a notar que minha irritação cresce.
3. Começo a gritar, noto que minha raiva está se apoderando de mim. Começo a perder o controle.
4. Chego ao ponto de não retorno.

Se demorar quatro pontos para chegar a esse momento, você vai notar que, antes de atingi-lo, um segundo antes de perder o controle e se irritar, existe a possibilidade de parar. Vai notar que, um segundo antes, talvez você mexa muito as mãos, ou sua voz trema, ou diga palavrões. Esses são os efeitos que você deve controlar.

Como? No início, pedindo a seu namorado, namorada, amigo ou amarelo que lhe diga uma palavra-chave quando vir algum desses sintomas. Que diga: "pistache" ou "Estados Unidos". O que for, para que você perceba que está chegando a esse momento. No começo a pessoa não nota seus pontos de não retorno, está tão acelerada, tão no limite, que a linha entre um estado e outro é quase invisível.

Quando já tiverem lhe falado algumas vezes a palavra-chave, você vai notar que começa a ser capaz de distinguir a linha. Esse é o momento exato em que deve apagar sua raiva, descer um nível, pois, se não chegar a esse ponto, você será capaz de se controlar. Tudo pode se desfazer se não chegar a esse ponto.

No hospital comecei a treinar isso; minha palavra-chave era "tumor". Sempre gostei de dar um valor mais positivo a essa palavra. Pouco a pouco deixei de me irritar; funcionava e eu adorava.

Quando vamos crescendo, nossos pontos de não retorno mudam de lugar. O passar dos anos e as experiências fazem com que nos irritemos menos e que nossos pontos de não retorno fiquem mais distantes. Então é importante procurá-los; todo ano é preciso detectá-los, encontrá-los e detê-los.

É bom se irritar às vezes, mas não é bom chegar ao ponto de não retorno.

VIGÉSIMA TERCEIRA DESCOBERTA:
"GRANDE TRUQUE PARA SABER SE VOCÊ AMA ALGUÉM"

Feche os olhos.

Ignacio. Especial entre especiais

Sem dúvida, esse é um dos conselhos que mais me fascinaram. No hospital, no terceiro andar, costumava haver gente especial; as mal denominadas pessoas com deficiência mental. (Sempre achei que essas palavras deviam ser apagadas do dicionário.)

Acho que são gente especial porque fazem com que você se sinta realmente especial. São pessoas com uma grande inocência que conseguem fazer com que tudo se torne simples e fácil.

Acho que o que mais me entusiasmava era ver como resolviam seus problemas, e sobretudo como conseguiam saber se gostavam de alguém. Eu sempre acreditei que o grande mal da nossa sociedade vem do fato de não sabermos se amamos ou não a pessoa com quem estamos. Isso nos gera muitas dores de cabeça, muitas dúvidas. Amo ou não amo a pessoa com quem estou? É a pessoa certa? Existe outra de quem gosto mais? O que eu faço?

PARA PROSSEGUIR...

Sempre que duvidar, faça o que os especiais faziam e o que me ensinaram a fazer. Não é nada espetacular, não é nenhum grande truque ou algo tão surpreendente que o deixará de boca aberta.

Muitas vezes, quando tínhamos problemas, íamos vê-los. Sempre há um monte de dados que não têm a ver com a decisão que temos que tomar, e eles sabiam detectar isso. Era como filtrar os dados necessários para tomar a decisão correta.

Eles sempre nos aconselhavam, e nos diziam: FECHE OS OLHOS. Esse ato de fechar os olhos era quase mágico para eles. Fechávamos os olhos e era como se conseguíssemos extrair todos os detalhes sem importância. Com isso conseguíamos eliminar um sentido, certamente o sentido que mais nos distrai, pelo qual entra mais informação.

No hospital treinávamos muito o ato de fechar os olhos. Faço isso agora mais do que nunca; descobri tantas coisas, tomei tantas decisões com os olhos fechados! E o mais incrível é que você vê tudo muito claro.

VINTE E TRÊS DESCOBERTAS QUE SERVIRAM PARA ENLAÇAR DUAS IDADES:
DOS CATORZE AOS VINTE E QUATRO ANOS

Essas são as vinte e três descobertas, e espero que, com cada uma delas, quando as ler, você faça outras mais.

Espero que lhe sirvam como base desse mundo amarelo, base de um mundo diferente.

Eu as utilizei quando me curei, coloquei-as em prática, e elas me ajudaram a enlaçar duas idades. Você pode utilizá-las para enlaçar duas idades, dois momentos, duas sensações ou simplesmente para viver um instante, o atual.

Lembro que, quando as descobri, ou comecei a pô-las em prática, tinha vinte e quatro anos. Como comentei no início do livro, eu estava totalmente curado e não podia acreditar; passaram-se dois dias e eu estava desorientado, eu sabia quem eu era, mas não sabia quem eu havia sido.

Então decidi mergulhar na minha infância, naquele garoto que tinha catorze anos antes de adoecer, e a começar a enlaçar as duas idades: os catorze e os vinte e quatro.

Foi algo mágico, incrível. Eu voltava àquelas recordações, via do que gostava ou o que desejava e era como transplantar isso no jovem de vinte e quatro. Passei esse ano maravilhoso construindo pontes, conversando com as duas pessoas que conviviam em um mesmo corpo. Foi, sem dúvida, o ano mais incrível da minha vida, no qual me escutei, me entendi e me respeitei. Durante esse ano aprendi as lições do câncer e as apliquei à vida. Um dos rapazes, o de vinte e quatro, tinha as armas contra o câncer, e o de catorze tinha a inocência de continuar vivendo sem ainda ter conhecido a doença. Nada melhor que usar a sinergia de ambas as forças, de ambas as energias.

Sem dúvida, o garoto de catorze teria sido de outra maneira, e o garoto de vinte e quatro, que sabia, só desejava se sentir aceito, querido.

Eu gostava quando eles entravam em acordo, quando percebia que na realidade não havia tantas coisas que os separassem. Na verdade, talvez eles desejassem a mesma coisa, mas se expressavam de formas diferentes.

Eu também ficava entusiasmado quando discutiam; na realidade, era aí que eu crescia, quando percebia que eles já não tinham os mesmos objetivos. E isso era bonito, porque de alguma maneira duas pessoas compartilhariam dois interesses, duas buscas. O debate é necessário para subsistir.

No final daquele ano fiz um pacto com o garoto de catorze: ele sempre teria um voto, eu sempre escutaria sua opinião. Já que aquele garoto de catorze anos não podia ser o que desejava, eu lhe permitia estar sempre comigo. E ele jamais me abandonou; vou crescendo e fazendo aniversários, mas o garoto de catorze anos continua dentro de mim, aconselhando-me e dando-me sua opinião.

Sem saber, muita gente esquece seu eu jovem de catorze anos, e acredito que o ideal é voltar, mergulhar e construir pontes para esse momento. É como nadar pelo fundo de uma piscina, atravessar um pequeno túnel e aparecer em outra piscina menor; lá é onde estão os catorze anos. Fale, troque e resgate o que puder para a piscina grande.

Os jovens de catorze nos fazem ricos, nos fazem complexos. No fim das contas, é uma época dura na qual acabamos tomando as decisões mais importantes, as que marcam nosso caráter. O problema é que às vezes os esquecemos, às vezes pensamos que estávamos equivocados e nos reconstruímos.

Acho que o bonito é nos reconstruirmos por meio de quem já éramos antes: volte ao alicerce, volte aos catorze anos. Sem dúvida lá está a base de quem você é. De quem queria ser. Pensando bem, essa poderia ser outra descoberta: a vigésima quarta. Bom, aí está.

Simplesmente creia nas vinte e três descobertas. Creia, e elas se criarão.

E agora, vamos dar passagem aos amarelos... Já é hora...

PARA VIVER...

OS AMARELOS

¿Le parece a usted correcto que un ingeniero haga versos?
La cultura es un adorno y el negocio es el negocio.
Si sigues con esa chica te cerraremos las puertas.
Eso, para vivir.

— Gabriel Celaya

OS AMARELOS

Chegamos a um dos capítulos mais desejados por mim e que mais emoção me provoca ao escrever. Gosto muito de falar dos amarelos.

Você precisa saber que é 1h41 da madrugada de uma noite de agosto (quando reescrevo isto, são 11h08 de uma manhã de outubro). Sempre acreditei que situar o momento da escrita, o dia (é madrugada de uma quinta-feira), dá, sem dúvida, mais realidade a tudo (plena manhã de uma terça-feira na reescrita). É uma dimensão que jamais temos quando lemos um livro. A que horas o autor escreveu aquilo? Onde estava? Fazia calor?

Tive a sorte de entrevistar, há alguns meses, Bruce Broughton, autor de famosas trilhas sonoras, como as dos filmes *O enigma da pirâmide* e *Silverado*. Falamos sobre as variáveis que podem ter a ver com a criação: O companheiro? O lugar? A temperatura? Ele acreditava que a criatividade tem a ver, acima de tudo, com o modo como recebemos o que vemos e como o transformamos. Nossa própria velocidade de transformação. Foi realmente um luxo escutar alguém que exala tanta criatividade, mas ele reconheceu que sua velocidade de criatividade aumentava com a solidão, com o calor e com a concentração pessoal.

Mas não vamos nos afastar do tema principal: os amarelos. Além de serem um capítulo do livro, também dão título ao livro, proporcionando-lhe toda a cor. Sem dúvida, é o grande tesouro que aprendi com o câncer. Sempre se aprende algo que está três passos ou três quilômetros à frente do resto; sempre há um Indurain, um Borg; sempre há alguém ou algo que marca as diferenças. E sabendo, como acredito que já sabe, que adoro listas, tinha que haver uma grande lição que marcasse a diferença.

Este será um capítulo longo, e, como não quero me perder, vou tentar não divagar. Principalmente porque se há algo que eu desejo que você extraia da leitura deste livro é o conceito dos amarelos.

Espero e desejo que daqui a alguns meses as pessoas procurem amarelos, utilizem esse termo, façam-no seu. Alguns termos surgem e se tornam populares, às vezes por coisas ruins (tsunami), às vezes por coisas boas (internet), às vezes simplesmente por moda (metrossexual). Também não é que eu deseje cunhar um termo novo, mas acredito que é necessário encontrar uma palavra que defina esse conceito. Os conceitos precisam de palavras, assim como as pessoas precisam de nomes. Havia um homem no hospital que sempre me dizia: "Ganhamos um nome e vamos para a vida; quem dera não tivéssemos nome!" Eu sempre olhava para ele e sorria; não entendia o que queria dizer. Aconteceu isso muitas vezes no hospital; eu tinha quinze ou dezesseis anos e o resto dos pacientes beirava os sessenta, setenta. Falavam comigo como se eu fosse adulto, davam-me conselhos de adultos, olhavam-me como a um adulto. Sim, existe o olhar de adulto. Eu anotava tudo que não compreendia, mas que pressentia que entenderia anos depois.

Adoro quando a cabeça decide aceitar um conceito, um idioma, um sentimento. Acredito que o cérebro tem uma combinação para se abrir; temos que apertar muitas teclas, com códigos diferentes, para que ele se abra e deixe entrar o que no início rejeitava. Só temos que descobrir a senha. Do mesmo modo que espero encontrar aquela que explique os amarelos.

No hospital encontrei muitos "amarelos", embora naquela época não soubesse que eram. Achava que eram amigos, almas gêmeas, pessoas que me ajudavam, anjos da guarda. Não compreendia por que um desconhecido que até dois minutos atrás não fazia parte do meu mundo logo se transformava em uma parte de mim, me entendia mais que qualquer pessoa desse mundo, e eu notava que me ajudava de uma maneira tão profunda que fazia com que eu me sentisse compreendido e identificado. Sem querer, isso poderia ser uma primeira definição de amarelo.

Normalmente isso acontecia com meus colegas de quarto. Logo se transformavam em meus "amarelos". Não sei quanto tempo passei falando com colegas de quarto nas horas mais imprevistas. Eram como irmãos postiços. Sim, isso mesmo. Naquela época eu até os chamava assim: irmãos de hospital, irmãos com data de vencimento. A intensidade era como aquela que existe entre irmãos, e a amizade era muito íntima.

No entanto, conforme foram se passando os anos, notei que as palavras "irmão", "amigo", "mais que um conhecido" não tinham a força suficiente.

Lembro um dia no hospital em que eu e mais dois ou três carecas estávamos falando sobre os "colegas de quarto". Um os definia como anjos; outro os definia como amigos. E eu e outro garoto dissemos: são amarelos. Falamos ao mesmo tempo. E não sei por que dissemos amarelos, mas tivemos a sensação de que era a palavra que os definia. Eu acredito muito no acaso e no destino; penso que o acaso é muito mais poderoso que o destino. E não sei se por algum propósito ou por acaso, mas acho que há uma única palavra para definir esse conceito que se denomina "amarelo".

Nunca compreendi o motivo de o conceito de amizade não ter evoluído. Às vezes leio livros que falam da Idade Média, do Renascimento, do início dos séculos, e sempre se fala da amizade; um amigo sempre é um amigo. Os amigos são amigos e sua repercussão na pessoa amiga é bastante parecida em todas as épocas. Porém, o mundo do relacionamento afetivo e da família evoluiu, sim. O modo de se relacionar de um casal ou do núcleo familiar na Idade Média não se parece em nada com o modo como vivemos isso agora; os papéis, os costumes; tudo evoluiu.

Acho que esse é um dos males dessa sociedade. O conceito de amigo, o papel do amigo, já não pode ser o mesmo na época tecnológica em que vivemos. Acho que agora é impossível manter contato com os amigos da mesma maneira que em décadas anteriores. Todo o mundo perde amigos todos os anos, e as desculpas são muito variadas: "Vivemos em países diferentes", "mudei de emprego", "não tenho tempo para sair", "só nos falávamos pelo MSN de vez em quando" ou "éramos só amigos do colégio ou da faculdade".

Perder um amigo está sempre relacionado a deixar de se ver. Os amigos se definem principalmente porque são pessoas que se veem, que se veem muitas vezes na vida. Você pode ser amigo de alguém que não vê jamais, com quem nunca se encontra? Teoricamente, não é possível. Sempre teoricamente.

Por exemplo, eu e meus amigos carecas nos víamos sempre no hospital; era uma regra de ouro. Nós nos ajudávamos, cuidávamos uns dos outros, mas, quando saíamos do hospital, tínhamos o pacto de não nos vermos. Não é que esquecíamos o outro, ao contrário, ele estava dentro de nós, mas não tínhamos a necessidade de continuar nos vendo. Outra coisa nos unia.

Demorei bastante tempo para compreender isso, mas eles foram a base dos amarelos. Um belo dia, vi tudo claramente. Alguns amigos nos dão amizade, alguns amores nos dão paixão, sexo ou amor, e, finalmente, alguns são os AMARELOS.

Curiosamente, amor e amizade começam com "am", e amarelos também. Não, não é coincidência, tenho certeza de que a raiz "am" significa algo; algo que dá coisas. Sempre acreditei que as coincidências são destaques, destaques para que saibamos que devemos reparar em algo.

Talvez você se pergunte se o que quero dizer é que os amarelos são os substitutos dos amigos. A resposta é não. Os amigos, os amigos tradicionais, continuam existindo, todos os temos. Mas há uma nova escala, um novo conceito: os amarelos.

Todo mundo os tem, mas o problema é que ainda não havia uma palavra para defini-los. Tenho certeza de que os amarelos sempre existiram, mas ficavam na gaveta de arquivo dos amigos. Ou, às vezes, um amarelo se transformava em um amor. O amarelo está entre o amor e a amizade, por isso muitas vezes se confunde.

Antes de prosseguir, darei uma definição de amarelo. Uma definição do que expliquei até agora.

AMARELO. *Definição:* Diz-se da pessoa que é especial em sua vida. Os amarelos se encontram entre os amigos e os amores. Não é necessário vê-los com frequência ou manter contato com eles.

Segundo essa definição, como diferenciar os amarelos dos amigos? Existe um jeito de saber quem é um amigo e quem é um amarelo? Na verdade, sim. Sem dúvida, é necessário um pouco de prática e é preciso conhecer a si mesmo. Os amarelos são reflexos de nós, neles estão parte de nossas carências, e o fato de conhecê-los nos faz dar um salto qualitativo na vida.

Vou lhe contar um pouco mais sobre os amarelos. Imagine que você está em um aeroporto, em um aeroporto de uma cidade estranha. O voo está atrasado, duas ou três horas. Você está sozinho nessa cidade e de repente começa a falar com alguém (homem ou mulher). No início, pode parecer uma conversa trivial ou corriqueira, mas pouco a pouco você nota que há algo entre vocês; não estou falando de amor ou sexo, estou falando de sentir que você encontrou alguém (um desconhecido) a quem pode contar coisas muito íntimas e sente que ele o compreende e que o aconselha de uma maneira diferente e especial.

O avião vai decolar, então vocês se separam (na melhor das hipóteses, trocam números de celular ou endereços de e-mail) e não se veem mais. Talvez se escrevam, talvez troquem mensagens, ou talvez nunca mais se vejam.

Tradicionalmente, não se poderia considerar essa pessoa como um amigo. Um amigo precisa de tempo, anos, mas talvez essa pessoa tenha lhe dado mais do que um amigo de seis ou sete anos (vocês compartilharam intensidade e confidências). Além de tudo, uma das características da amizade é que ela é um tipo de relação na qual é importante se ver com frequência ou assiduidade. Porém, você se dá conta de que um desconhecido o marcou e o fez se sentir melhor, mesmo que com toda a certeza você não torne a vê-lo nunca mais.

Normalmente essa situação cria tristeza, uma sensação de perda, não de ganho; de ter encontrado alguém e saber que o perdeu. Mas, na realidade, você arranjou um "amarelo". Um dos vinte e três amarelos que você vai ter em sua vida.

Com certeza você vai se perguntar: um amarelo é um desconhecido que me compreende? Não exatamente. Um amarelo pode ser um conhecido, um amarelo pode ser um amigo que um belo dia sobe na escala dos amarelos. Não deve nem tem por que ser um desconhecido. Só tem que ser alguém especial que o faça se sentir especial.

O mais importante é que um amarelo não precisa de ligações telefônicas, não precisa de anos de cozimento, não precisa que você o encontre com frequência (uma única vez é suficiente para ser um amarelo). Dessa forma, quem sabe se muitas dessas pessoas que você não vê sempre, que já não considera amigos por falta de tempo, não são amarelos?

Amarelo é a palavra que define essas pessoas que mudam sua vida (muito ou pouco) e que talvez você volte ou não a encontrar. É como dar uma nova distinção ao que antes se chamava de "melhores amigos".

E, acima de tudo, os amarelos não são fruto do acaso. Com isso quero dizer que nesse mesmo aeroporto você poderia reconhecer algum amarelo (existem fórmulas para reconhecê-los) e conversar com ele para ver se é ou não um amarelo, para saber se você se enganou ou se realmente seu radar funcionou. Podemos sentir os amarelos, notamos que eles podem ser amarelos. Não se inicia uma relação com um amarelo por acaso.

Você nunca notou, enquanto andava pela rua, alguém que chamasse sua atenção? Não é, em si, uma questão sexual nem de beleza; é porque algo nessa pessoa faz com que você precise falar com ela, precise lhe dizer algo. É um sentimento, algo que não é amor nem sexo, mas supõe-se que não pode ser amizade, já que a amizade precisa de tempo ou de uma atividade, um trabalho ou um *hobby* em comum. Pois isso que você sente é resultado de ver um amarelo, de ter a sorte de tropeçar com um amarelo de seu mundo.

O que desejo é que daqui a alguns meses, depois do lançamento deste livro, haja alguém que me pare (a mim ou a você) e diga: "Quer ser meu amarelo?" Seria demais poder entrar assim nas pessoas. E como uma das características do amarelo (embora não exclusiva) é ser um desconhecido, seria perfeito.

Mas não nos alegremos ainda. Você ainda precisa saber como encontrar os amarelos, como distingui-los e conhecer a lista (não normas) de modos de se relacionar.

Todo mundo sabe como se relacionar com os amigos, com o namorado, namorada ou amante (embora existam mil e uma combinações). Neste caso, vou falar da minha forma de me relacionar com os amarelos. Vou lhe oferecer, por assim dizer, a teoria, a organização e a lista, e com base nisso cada um encontrará a forma mais confortável de se relacionar com os amarelos.

De onde vem a lista de formas de se relacionar com os amarelos? Novamente, da minha época no hospital. Como comentei antes, no hospital havia muitos aspirantes a amarelos; de algum modo, viver uma situação tão extrema e passar tantas horas juntos em um período curto de tempo favorecia a aparição de um amarelo.

Acho que minha lista nasceu das experiências, do que fazíamos sem saber. É curiosa a quantidade de coisas que fazemos sem saber por que as fazemos. Um amigo meu, Eder, escreveu um relato falando dos "três segundos que aguentamos olhando para o sol". É verdade; embora ninguém tenha lhe dito que você não pode olhar mais de três segundos para o sol, você sabe que é verdade e não olha. É curioso, o sol sempre está ali em cima, observando-nos, oferecendo-nos calor, mas não aguentamos olhar para ele durante muito tempo. Sem dúvida, ele é o grande amarelo. Nós o sentimos, o notamos, sabemos que ele está ali, mas não devemos olhá-lo muito.

Algo parecido acontecia no hospital. Lembro que, quando eu saía depois de ficar internado por muito tempo, eu me despedia deles e não sentia tristeza. Sabia que eles iam ficar ali porque era onde deviam estar naquele momento, e eu ia para casa porque era onde eu devia estar. Outras vezes, acontecia o contrário: eles iam, e eu ficava. Não havia a sensação de abandono, nem de perda. Simplesmente a sensação de que esses colegas de quarto, ou esses carecas, haviam cuidado de nós, nos escutado, nos apoiado e nos feito crescer. E, acima de tudo, nos abraçado.

Desse modo, chegamos a outra característica dos amarelos, talvez a que mais os diferencie dos amigos: sentir, tocar, acariciar. Jamais compreendi por que tocamos pouco os amigos, prova da pouca evolução que houve na amizade. Alguém pode ser seu amigo e talvez você jamais tenha superado a barreira dos dez centímetros de proximidade, talvez jamais tenha lhe dado um longo abraço ou nunca tenha visto como a pessoa dormia ou acordava. Ver como alguém acorda, qualquer pessoa, cria uma sensação de proximidade, de vê-lo nascer, de vê-lo voltar à vida; isso é comparável a mil, ou melhor, a cem mil conversas.

Todos nós, os carecas, por estarmos em um hospital, por dormirmos em camas um ao lado do outro, havíamos nos visto acordar muitas vezes. Eles viam como eu acordava e eu via como eles acordavam. Ninguém devia esperar fazer uma excursão, uma viagem ou passar por uma doença para ver alguém dormir e acordar. Podemos buscar isso. É importante entender que os amarelos não são só amigos; a amizade tem muito pouco de sentir o outro, de tocá-lo, de acariciá-lo.

Acho que na amizade a palavra é muito valorizada, mas o que diz respeito ao sentir, à distância física que separa dois amigos, é pouco valorizado.

Sempre pensei que é muito injusto que o relacionamento afetivo fique com 95% do contato físico. Ninguém colocaria 95% do seu dinheiro em um só banco; porém, colocamos 95% de nossas carícias, de nossos abraços, em uma só pessoa. Acho que aí está o erro. Por isso há tantas infidelidades, por isso as pessoas se sentem tão sozinhas, por isso sentimos falta de contato físico, de carinho, de carícias.

Sei que, a essa altura, você deve estar se perguntando: é possível fazer sexo com um amarelo? E com certeza outra pergunta está passando pela sua cabeça: quando falamos de amarelos, estamos falando no masculino ou no feminino?

Talvez essas perguntas tenham surgido agora em sua mente, ou quem sabe estão aí desde o primeiro instante em que comecei a falar desse conceito. Seja como for, é preciso deixar claro que a resposta novamente está condicionada pelo que eu penso, pela forma como eu criei os amarelos e os cultivei.

O fundamental nos amarelos é o carinho, a carícia e o abraço. Quando falo de dormir e acordar juntos, falo de sentir a perda (o sono) e o acordar (o renascer), jamais falo de sexo. Não é conveniente fazer sexo com um amarelo. É possível, claro, mas acho que a graça dos amarelos, do conceito amarelo, da essência dos amarelos, é que eles ganham terreno em relação à amizade. Ficam com 40% do contato físico quando, quem sabe, antes não tinham nem 3%.

Neste ponto, acho que seria oportuno tornar a definir os amarelos.

AMARELO. *Definição:* Diz-se da pessoa que é especial em sua vida. Os amarelos se encontram entre os amigos e os amores. Não é necessário vê-los sempre ou manter contato com eles. A forma de se relacionar com os amarelos é o carinho, a carícia e o abraço. Os amarelos têm privilégios que antes eram exclusivos do relacionamento afetivo.

Vou tentar fazer uma lista de conceitos de coisas que se podem fazer com um amarelo. A lista, como tudo neste livro, não tem que ser imposta, e muito menos seguida à risca. Depois, cada um deve decidir o que lhe serve e o que não lhe serve. Não é filosofia, não é religião, são só lições do câncer aplicadas à vida, e devem ser entendidas como tal. Portanto, não há possibilidade de discussão. Sei que alguém pode dizer: "É possível ir para a cama com um amarelo". Outro vai pensar: "Os amarelos são os amantes da vida toda". E um terceiro dirá: "Tudo isso de amarelos não tem nem pé nem cabeça, eu sempre tive amigos com quem fiz as mesmas coisas que você diz que se devem fazer com os amarelos". Minha resposta é que fico feliz, acho ótimo. Sem dúvida, todo mundo tem seus amigos e seu jeito de se comunicar com eles. Como dizia um psicólogo do hospital, "a sorte é ser como se é. A desgraça é não poder entender como são os outros".

Vamos prosseguir, mas, antes de mais nada, vamos responder à segunda questão: os amarelos são masculinos ou femininos? Podem existir amarelos homens e amarelos mulheres; o importante é o conceito amarelo, e, para mim, ele engloba ambos os sexos.

Voltando à questão do que se pode e do que não se pode fazer com os amarelos, com certeza você deve estar ansioso por saber. Pois aí vai uma pequena lista de quatro pontos. Depois acrescentaremos mais.

Devo esclarecer que eles não estão em ordem, nem é preciso realizar todos esses pontos com um amarelo. O importante dos amarelos é ter a sensação de ter encontrado uma alma gêmea, uma pessoa que nos marca (uma evolução da amizade).

E, após se certificar de que certa pessoa pode ser um amarelo, tente fazer o seguinte:

1. FALAR

Nisso o relacionamento não se diferencia muito dos outros tipos. Talvez a diferença seja que estamos falando com um desconhecido, e que o que nos impulsionou a falar foi a sensação de que essa pessoa é um amarelo.

Com os amarelos você sente que pode lhes contar segredos íntimos, se abrir. Pode ligar para eles nos momentos mais imprevisíveis. Sente que às vezes não precisa estabelecer contato; pode ficar vários meses sem dizer nada, mas, quando você torna a vê-lo, tudo continua igual.

As palavras são muito valorizadas, de modo que o importante não é a quantidade, mas a intensidade. Existem amarelos de duas conversas e outros de cinquenta.

2. ABRAÇOS E CARÍCIAS

O mundo seria melhor se houvesse mais abraços e carícias. No hospital, nós nos apoiávamos nos outros, nos abraçávamos. (A primeira coisa que perdemos quando estamos doentes são os abraços; as pessoas os trocam por tapinhas nas costas. Às vezes pensávamos que não íamos morrer de câncer, mas de tantos tapinhas nas costas.)

O abraço amarelo consiste em se abraçar por aproximadamente dois minutos. E sentir a respiração da outra pessoa. É importante sentir a respiração.

Quanto às carícias, onde fazê-las? Onde você quiser. Na mão, no rosto, no braço, na orelha, na perna. Onde você achar que deve acariciar. Na minha opinião, um dos grandes erros é não nos acariciarmos com mais frequência, não sentirmos o calor de uma mão, a temperatura e o toque de uma mão sobre nós.

Lembro que no hospital nos acariciávamos. Era algo natural, normal. Era pura e simplesmente carinho; não havia nenhuma outra conotação.

Acho que nesse aspecto os amarelos se apoderam de um quesito que sempre foi do relacionamento afetivo. Mas você não deve ter medo nem ciúme, nem mesmo pensar que não vai ser compreendido; só é preciso mudar o conceito. Como eu disse anteriormente, o cérebro precisa da combinação correta para deixar entrar novas ideias. Deixe-se absorver antes de julgar.

Acariciar e abraçar são dois quesitos que a amizade não tem como próprios, mas é a evolução natural de que os amigos precisam. Os amarelos conseguem isso e curtem.

3. DORMIR E ACORDAR

Ver alguém acordar é meia vida amarela. Não precisa ser na mesma cama, pode ser em duas camas, mas é importante conseguir esse clima, onde cada amarelo durma e cada amarelo acorde sete ou oito horas depois. Com quantas pessoas você já dormiu na vida e não fez sexo? Foi em uma viagem? Faça-se essa pergunta. Com certeza foi com pouca gente. E se for na mesma cama, com menos ainda. Esse é outro erro da sociedade: pensar no dormir e no acordar como algo funcional, quando é um fato tão importante quanto almoçar ou jantar.

Todo mundo janta e almoça com os amigos. "Vamos jantar?" "Vamos almoçar juntos?" Isso cabe aos amigos. Isso e viajar.

Mas "Vamos dormir juntos?", "Vamos acordar juntos?", isso não faz parte do habitual, mas é absolutamente necessário. Diria até que é vital.

Acredita-se que dormir é algo tão pessoal que deve ser solitário ou compartilhado por meio do sexo, mas esse é outro quesito no qual os amarelos ganham.

4. SEPARAR-SE

Você precisa saber que um amarelo não consome tanto tempo como um amigo; você não precisa tê-lo a vida toda. Um amarelo pode ser de horas, de dias, de semanas e de anos. Do tempo que for necessário.

Não se deve cultivar um amarelo; não lhe devemos nada, não temos compromisso com ele. Ele tem, e deve ter, prazo de validade. Você não deve nem sequer lhe enviar um e-mail, um SMS ou ligar para ele para manter algo vivo.

Ele esteve com você, ajudou-o em determinado momento ou você o ajudou em um momento específico. Depois, cada um segue seu caminho, e vocês se tornam amarelos de outros.

Esse não sentir que é obrigado a nada é fundamental no mundo amarelo. As obrigações e a intimidade estragam tudo.

Existem amarelos que duram uma vida inteira? Claro que sim. Eu tenho um amarelo que conheci com dezenove anos; somos amarelos há catorze anos. Ele é meu amarelo mais antigo e acho que ainda temos muitos anos pela frente.

Existem amarelos que duram horas? Também. São os que você encontra em um ambulatório de hospital, em um café, em um aeroporto, na rua, em uma piscina. Amarelos de horas.

Enquanto estive no hospital, cumpri com muita gente dali as quatro regras que expliquei: tive muitos colegas de quarto com quem dormi e acordei enquanto estive internado, aos quais me abracei (quando precisamos), com quem falei de tudo (de morte, de perdas, de cinema), e os quais perdi, mas não senti tristeza ao perdê-los. Principalmente porque o que eu aprendi com os amarelos, o que eles me deram, continua dentro de mim.

Mas muitos deles não foram amarelos. Acho que em minha época de hospital conheci apenas cinco amarelos. O resto foram amigos.

Sei que você está se perguntando qual a diferença entre um e outro e, principalmente, como os encontramos. Qual é o jeito de encontrá-los? Como distinguir um amarelo de um amigo? Bom, como em tudo na vida, depende da sensibilidade de cada um, mas, no capítulo seguinte, darei algumas dicas para responder a essas perguntas e a muitas outras.

Com frequência, eu, como escritor, e suponho que você, como leitor, precisamos que um capítulo acabe. Às vezes para ir dormir (uma parte de vocês deve estar na cama agora); outras vezes para abandonar uma piscina, uma praia, uma rede, uma cadeira ou um sofá. Desejo e espero que esse sofá, essa cadeira ou essa rede seja seu lugar favorito para ler.

Stephen King dizia que devemos encontrar o melhor lugar da nossa casa para escrever um romance, porque depois desejaremos que o leitor esteja no melhor lugar da sua, lendo. Dessa maneira, ocorre uma comunicação total. Pois eu posso lhe garantir que estou na minha cadeira favorita, escrevendo em minha tela escolhida para a ocasião e me sentindo muito feliz lhe contando tudo isso.

Contudo, eu também preciso que o capítulo acabe. Os escritores também precisam acabar um capítulo para pensar, para refletir acerca do que escreveram e para fazer uma pausa. Do mesmo modo que talvez você esteja prestes a ir dormir, a ir à praia ou à piscina, a comprar pão ou se encontrar com alguém que, com sorte, pode ser um amarelo.

COMO ENCONTRAR OS AMARELOS E COMO DISTINGUI-LOS

Como? Essa é uma das grandes perguntas. Como saber se alguém é seu amarelo? Como distingui-lo, como saber que é um deles?

Não há uma única maneira; há várias. Vou explicar a teoria na qual baseio todo o mundo dos amarelos, porque muitas vezes é preciso mostrar algo e depois explicar de onde provém. Já falei um pouco dos amarelos — foi um parêntese entre "Para começar" e "Para morrer", mas no "Para viver" decidi que tudo teria a ver com os amarelos.

Eu acredito que os amarelos estão neste mundo para que consigamos saber quais são as nossas carências, para nos abrirmos e para que as pessoas se abram. Sem dúvida, no hospital eu consegui melhorar graças a esses sete amarelos. Os amarelos nos dão força para lutar.

Como você pode ver, não estou falando de paz espiritual nem de harmonia, mas de força de luta. Não há nos amarelos nada de religião nem de seita. Tire da cabeça qualquer sensação relacionada com esses conceitos. Os amarelos nos ajudam em momentos difíceis e em momentos bons, mas são individuais. Nossos amarelos não fazem parte de um grupo; não existirá uma nova religião amarela, nem uma seita amarela, nem sequer um clube de amarelos do mundo.

Cada um deve ser capaz de procurar os amarelos quando necessitar deles, mas não se trata de sair pela rua feito louco procurando um amarelo; os amarelos aparecem ou cruzamos com eles quando precisamos.

Por isso cada pessoa só tem vinte e três amarelos. Sei que vinte e três pode parecer pouco, mas acho que é o número exato. Sempre pensei no poder do vinte e três, acredito que é um número mágico. O sangue leva vinte e três segundos para percorrer o corpo humano; a coluna vertebral tem vinte e três discos; Julio César foi apunhalado vinte e três vezes. O sexo de uma pessoa tem a ver com o cromossomo vinte e três, e cada homem e mulher contribui para a formação da criança com vinte e três cromossomos.

Realmente o vinte e três é alucinante. Mas não foram essas razões que me levaram a acreditar que o vinte e três é básico na vida; foi porque eu também tive uma relação com esse número: perdi minha perna em um 23 de abril. E, sem dúvida, comecei a acreditar no que muita gente diz: que o vinte e três tem a ver com muitas vidas, e que se lhe perguntarem um número exato de algo neste mundo, com certeza é o vinte e três. É um número que a natureza "ama".

Portanto, eu acredito nesse número, em seu potencial positivo. Tenho absoluta certeza de que o vinte e três é um número mágico, um número que traz sorte. Curiosamente, também há vinte e três descobertas neste livro.

De modo que prosseguiremos com a premissa de que só existem vinte e três amarelos no mundo. Como procurá-los? Devo procurá-los pouco a pouco para que durem a vida toda?

A resposta para como procurá-los tem a ver com cada um. Você deve procurá-los quando necessitar deles. Como encontrá-los tem a ver com o que eu chamo de marcas.

As marcas, ou traços, são a forma de reconhecer um amarelo. Vou dar um exemplo: tenho um grande amigo que mora na Colômbia, em Cali. Eu nunca estive na Colômbia, ele nunca esteve em Barcelona. Mas há seis anos nos conhecemos em um chat de coxos; ele não tem uma perna, eu também não. Eu acredito que alguém desejava que nos conhecêssemos, fez uma marca em nós e nos soltou em dois lugares do mundo. O jeito de nos conhecermos foi essa marca, que era como uma coincidência, um acaso ou um sinal de que tínhamos que nos encontrar. Quando falo de alguém, não falo de nenhum deus, nem de nenhum ser, falo da natureza, da ordem da natureza.

Pois com os amarelos é a mesma coisa: alguém marcou vinte e três amarelos para que você os encontre. Então você deve se exercitar para descobrir quais são suas marcas, porque elas não são as mesmas para cada um de nós.

Eu poderia parar por aqui, como um desses segredos que não se revelam. Há pouco tempo Shyamalan, diretor de *O sexto sentido*, esteve em Barcelona e disse que ia contar um segredo, algo que ninguém sabia e que ele ia revelar para nós. Todos nos aproximamos e escutamos com extrema atenção. Ele queria nos contar o segredo de seu sucesso, como fez *O sexto sentido* e por que depois de dois fracassos sabia que seu terceiro filme seria um sucesso.

Todo o auditório estava emocionado, queríamos saber a resposta. E ele disse: "Decidi ver filmes de diretores que só haviam tido um sucesso em sua carreira. Vi esses filmes e encontrei oito denominadores comuns, que foram os que me serviram para criar *O sexto sentido*".

Não contou mais nada. Não estou mentindo. Era um segredo que nos obrigava a pensar. Acho que não há nada pior. Todo mundo ficou decepcionado. Conhecer um segredo não deve obrigar a refletir. Mas, quem sabe, era o que Night Shyamalan desejava. Eu comecei a ver os filmes que ele comentou e tirei minhas oito conclusões, mas não sei se são as dele. E, com o tempo, agradeci por ele não nos ter dito tudo, porque, senão, só o teríamos copiado e repetido. Cada um deve extrair seus denominadores, suas conclusões.

Portanto, vou contar como encontrar as marcas, mas depois é você quem deve trabalhar para que elas sejam uma realidade. Para que sejam algo tangível.

Tudo que se refere ao modo de encontrar amarelos tem a ver com a beleza. Sempre acreditei que a beleza é algo sem sentido, caótico. O que uma pessoa acha bonito, outra pode achar horrível. A beleza é relativa. Por que as pessoas se sentem atraídas por um formato de cabeça, por um tipo de corpo, por um jeito de falar, por uma forma de olhar, por uma forma de não olhar? Jamais compreendi isso, é algo que me fascina. Você pode estar em uma sala com cinco mil pessoas e dizer quem é bonita, quem possui a beleza de acordo com seus padrões. Mas essa beleza tem diferentes sentidos; existe o bonito em sentido poético, o bonito em sentido sexual e o bonito em sentido amarelo.

A beleza tem a marca amarela camuflada. Nunca lhe aconteceu de ver entre uma multidão alguém de quem não conseguisse tirar os olhos? Mas não tem nada a ver com a sexualidade, não é que você queira ir para a cama com essa pessoa; é que ela preenche um vazio em seu mundo. Você acha que ela o compreende, que vocês poderiam ser amigos, que há uma energia em comum entre vocês. Depois a pessoa desaparece e você a esquece. Ela não perdura muito em sua memória, é como se a partida dela não criasse tristeza, como se fosse algo que se aceita. Isso é parte do mundo amarelo; os amarelos vão embora e não criam tristeza. E isso acontece mesmo que você não os conheça.

Portanto, o fundamental é poder diferenciar, extrair da beleza as marcas que têm a ver com os amarelos.

Como fazer isso? Vou lhe contar meu método, o que utilizei para discernir as marcas de meus amarelos. Embora você não consiga encontrar todas, cada dia encontrará mais uma. Anote-as, confirme-as e, acima de tudo, aplique-as aos amarelos que já possui. Elas são a comprovação de que são realmente marcas.

O método em formato de lista seria o seguinte:

1. Tente compreender o que é beleza para você. Encontre seus padrões de beleza e anote-os. Eles devem estar relacionados com pessoas que, só pelo fato de você as ver, lhe chamam muito a atenção.

    Não devem ser só físicos, mas também sonoros, relacionados a cores, objetos, a tudo que você acha que é bonito.

    Exemplos existem aos milhares. Se para você a beleza tem a ver com toalhas brancas, anote. Se tem a ver com um corte de cabelo, anote. Se tem a ver com o cheiro de uma jaqueta de veludo cotelê, anote. Se tem a ver com a forma como se veem os olhos e a boca dentro de um capacete, também. Talvez você encontre algo tão estranho que realmente seja um traço amarelo. As marcas amarelas costumam ser complicadas e rebuscadas.

2. Quando tiver a lista que, para ser boa, deveria ter cem itens, comece a eliminar os que têm a ver com a beleza sexual ou amorosa.

   Explico: tudo que você relacionar com sexo ou com amor não conta. Com certeza você anotou a forma dos lábios de uma pessoa, mas isso certamente tem conotação sexual; isso não fala da beleza amarela, mas da beleza sexual.

   No entanto, você precisa ter cuidado, porque, às vezes, pode eliminar uma característica que lhe parece sexual e na realidade é amarela. Essas coisas acontecem, mas o que você precisa fazer é aceitar o erro, porque cedo ou tarde ele se corrige e você vai perceber.

   Isso não é uma ciência, você não deve enlouquecer procurando e eliminando itens. Tem que se divertir nessa busca. Sempre tem que se divertir, porque não existe uma verdade absoluta, apenas verdades relativas. Os erros são possíveis e é preciso aceitá-los.

   Com certeza, da lista de cem, você vai retirar cerca de setenta e sete características relacionadas com a beleza sexual ou amorosa; de modo que restarão vinte e três.

3. Novamente vinte e três, eu sei. Pois bem, esses vinte e três dados de beleza que você não pôde eliminar, esses vinte e três dados que você não sabe por quê, mas que lhe parecem bonitos, são a base para começar a trabalhar. Você vai precisar estar com o radar ligado, e, quando descobrir no mínimo três dessas marcas em uma pessoa, pode haver uma possibilidade remota de que seja um amarelo. Se forem nove, a possibilidade deixa de ser remota e começa a ser uma certeza. Se ultrapassar os treze, você tem que falar com essa pessoa, porque certamente é um amarelo. Se

completar os vinte e três, bingo, você o encontrou. Você pode deixá-lo escapar se não necessitar dele naquele momento; ou falar com ele se quiser, ou se vir que ele precisa de você.

O que você deve lembrar é que uma coisa é encontrar o amarelo, e outra coisa é falar com ele.

Lembre que você os encontrará, mas que não deve desperdiçá-los. Eles não são muitos e têm data de validade. Assim como você.

4. Se você decidir falar com essa pessoa, o que vai acontecer? Vai começar um relacionamento amarelo que durará o tempo que tiver que durar; pode durar horas, meses ou anos. E, quando acabar, fará com que você se sinta melhor, mas, com certeza, também o modificará. E, ao modificá-lo, modificará suas marcas, seu interior.

5. E novamente, a cada dois anos, mais ou menos, você deve tornar a procurar suas marcas. A cada dois anos a beleza amarela se modifica, graças ao contato com um amarelo. Portanto, recomendo que a cada dois anos você procure novamente suas marcas.

Você vai descobrir que quinze ou dezesseis delas continuam iguais, mas que oito ou sete se modificaram. É importante procurá-las para não se enganar.

Sei que o trabalho é árduo, e que agora você tem dúvidas. Essas marcas pertencem à beleza amarela, à beleza sexual ou à beleza amorosa?

A melhor forma para se certificar é recortar fotos que vir e que lhe chamarem a atenção; fotos de pessoas nas revistas, nos jornais, imagens da internet. Também idiomas com sotaques que lhe chamem a atenção. Cheiros que não consiga tirar da cabeça e que ache bonitos. Imagens que perdurem em sua memória.

É preciso fazer uma trajetória mental por tudo que achamos bonito. Não nos centrarmos só nas pessoas, mas também nos lugares, em épocas de nossa vida, em sentimentos e em sensações. É preciso rastrear muito.

Como disse Night: para entender o segredo, é preciso trabalhar muito. Mas vale a pena. É preciso trabalhar, mas o mundo amarelo vale a pena.

Sei que talvez alguns conceitos não ficaram claros. Por isso, no capítulo seguinte, há uma bateria de perguntas sobre os amarelos, e espero que aquela que ronda sua cabeça esteja lá.

BATERIA DE PERGUNTAS AMARELAS

Gosto de computadores. Por algum motivo me dou bem com eles. Gosto de saber que, quando algo não funciona, podemos desligar e ligar de novo o computador; é uma solução mágica.

Acho que não seria ruim se acontecesse a mesma coisa com as pessoas; se, quando não entendêssemos alguém, quando algo fosse realmente estranho, pudéssemos reiniciar essa pessoa, desligá-la e ligá-la de novo.

Essa seria a primeira coisa que eu traria para o nosso mundo; a segunda seria o "ctrl+z" dos processadores de texto, como o Word. Acho que é uma função maravilhosa. Quando você erra, dá "ctrl+z", ou clica nessa flecha que gira, e desfaz a última coisa que fez.

Não sei quantas vezes por dia daríamos "ctrl+z". Tenho certeza de que uma média de cem, duzentas vezes por dia. Jamais acharíamos que tomamos a decisão adequada.

E se o desfazer funcionasse retroativamente? Tenho certeza de que muita gente gostaria de voltar aos seus vinte anos e não fazer tal coisa, ou aos quinze e não fazer tal outra, ou aos oito... Quem sabe, voltar até quando nasceu e não nascer.

A terceira coisa de que gosto nesse aparelho é que existe um tópico de "ajuda" em todos os programas. Costuma trazer dúvidas que muita gente teve, e os programadores, que já sabem disso, as incluem no programa. Gosto quando encontro minha dúvida no arquivo de ajuda, porque sei que vou resolver meu problema. Mas, sabe de uma coisa? Também fico feliz quando não a encontro, porque me dá a sensação de que não sou tão previsível quanto eles acreditam. Gosto que minhas dúvidas sejam estranhas, surpreendentes e, acima de tudo, novas. Isso faz com que eu me sinta vivo.

Portanto, não sofra se na bateria de perguntas sobre os amarelos a sua não estiver lá. Isso significa que você está vivo, muito vivo. E com certeza vai encontrar a resposta.

1. UM PARENTE PODE SER UM AMARELO?

É claro que pode. Os irmãos são nossos primeiros possíveis amarelos, os principais candidatos. Quando pequenos, dormimos com eles quando dividimos o quarto. Abraçamo-nos, acariciamo-nos. São e podem ser amarelos.

No caso de pais e mães, também é possível, mas menos provável. Mas certamente existem casos.

Lembre-se: qualquer pessoa pode ser um amarelo.

2. OS AMARELOS PODEM SE TORNAR AMIGOS OU PARCEIROS AMOROSOS OU SEXUAIS?

Tudo na vida pode se transformar. Chamo isso de perder a cor ou intensificar a cor. Às vezes os amarelos ficam amarelo-claros e se transformam em amigos. Às vezes ganham um tom de laranja e se transformam em amantes ou amores.

Tanto você quanto seu amarelo vão decidir o que querem ser. O que é certeza é que depois não tem volta. Quando o amarelo se intensifica ou desbota, nunca mais volta a ser amarelo.

Então, pense bem.

3. E SE EU DESCOBRIR QUE ALGUÉM É MEU AMARELO, MAS ESSA PESSOA NÃO ACREDITAR EM AMARELOS? DEVO LHE DIZER?

Bem, ser amarelo é uma via de mão dupla. Quero dizer que você é amarelo de alguém quando esse alguém é seu amarelo também. Não é possível que alguém seja seu amarelo e você não signifique nada para ele; a relação é bidirecional.

Eu disse que isso não seria fácil. Também pode acontecer de alguém não querer ser seu amarelo (ou porque não acredita nisso ou porque não o considera amarelo); então, você deve deixar que ele se vá, esquecê-lo, quem sabe não era o momento para ter esse amarelo.

Na vida é preciso saber dizer não e aceitar os "nãos". Outros tempos virão. Além disso, quem sabe? Talvez você estivesse enganado e aquele não fosse um amarelo.

4. SOBRE O QUE SE FALA COM UM AMARELO?

Não quis tratar dessa questão antes porque acredito que cada pessoa deve falar sobre o que quiser com seu amarelo. Não é preciso que sejam conversas muito profundas, podem ser conversas banais, mas que fazem com que nos sintamos muito bem.

A necessidade de encontrar um amarelo não é para ter conversas complicadas que consertem o mundo, ou o seu mundo, mas para que de alguma maneira essas pessoas deem um sentido à sua vida. Elas harmonizam sua luta interna, dão paz.

Também não quis falar muito disso para não condicioná-lo, para que você não pense que tem que falar de determinado assunto. Os temas vão surgir, não se preocupe. Eles vêm com os amarelos.

Acho que todo mundo tem seu círculo de pessoas com quem pode falar de tudo, com quem se sente bem, a que está unido por algo especial. Esses são exemplos de amigos que deveriam se transformar em amarelos imediatamente

5. SE SOU HOMEM, TEREI MAIS AMARELOS HOMENS OU MULHERES?

Não se trata de uma questão de sexo; nada na vida é uma questão de sexo. Suponho que você terá amarelos homens e amarelos mulheres. A beleza de que falamos não está relacionada com a sua sexualidade, mas com detalhes ou marcas que aparecem e que você não compreende à primeira vista.

Haverá um pouco de tudo, assim como com as idades; não há nenhuma regra fixa.

Mas sempre há exceções. Você não deve se condicionar buscando regras, deve apenas pensar em listas.

6. E SE ALGUÉM FINGE QUE SOU SEU AMARELO, MAS, NA REALIDADE, BUSCA CARÍCIAS, ABRAÇOS E QUER DORMIR COMIGO?

Sempre que você cria algo, um conceito, alguém o perverte, ou o usa, ou o modifica. Somos nós que utilizaremos o conceito amarelo e somos nós que deveremos saber usá-lo.

Então a resposta para essa pergunta é que, se você achar que isso está acontecendo, vai perceber que é uma coisa que vai contra tudo o que o conceito amarelo significa e vai saber o que fazer.

7. E SE EU NÃO SOUBER FAZER A LISTA? E SE EU NÃO TIVER AMARELOS? ISSO É POSSÍVEL?

Pode ser que na época em que você se encontra não precise deles, e, se não precisar deles, talvez não encontre as marcas. Dê-se tempo, isso não é algo que tenha que fazer em meia hora. Pode levar até um ano.

8. QUAIS SÃO SUAS MARCAS?

Acho que cada um deve manter suas marcas em segredo, por isso não as contei. Acho que não são coisas que se devam tornar públicas. É como se perdessem o valor. Uma vez que você tem o trabalho de encontrar as marcas, deve saber valorizar esse trabalho. E ele deve ser seu, próprio e particular.

Talvez você possa contá-lo a outro amarelo, se necessitar, mas acho que não será preciso.

9. DEVO PERGUNTAR A ALGUÉM SE QUER SER MEU AMARELO OU POSSO SIMPLESMENTE CONHECÊ-LO SEM DIZER QUE É MEU AMARELO?

Não é necessário perguntar sempre a alguém se quer ser seu amarelo; pode continuar fazendo como fez até agora: conhecer amarelos e não tornar a vê-los, mas o bom é que agora você sabe que essa pessoa era um amarelo. Você vai ficar mais tranquilo e se sentir mais feliz.

10. POSSO APRESENTAR DOIS AMARELOS? ELES PODEM SER AMARELOS ENTRE SI?

Não há razão para isso, visto que as nove ou dez marcas que o fizeram pensar que ele era um amarelo não vão ser as mesmas que fizeram com que a outra pessoa pensasse que você era seu amarelo.

Claro que você pode apresentá-los, isso seria muito legal, mas não significa que eles serão amarelos entre si.

11. E OS AMIGOS? SÃO DE SEGUNDA CLASSE, ENTÃO?

Longe disso. Os amigos estão aí, mas alguns evoluem e se transformam em amarelos. É como se houvesse outra escala.

Esta é uma lista sobre os relacionamentos. A ordem não indica que um seja melhor que o outro:

1. *Conhecidos:* gente que você vê no trabalho, na rua, que lhe apresentam, mas com quem ainda não sintonizou.
2. *Amigos:* podem ser do colégio, do trabalho, da faculdade, colegas que compartilham um *hobby*. São pessoas que

você acha legais, com quem sente afinidade, com quem se diverte, que o ajudam, que lhe contam coisas e que você também pode abraçar, acariciar e com quem pode dormir junto. Sempre que quiser. Talvez não sejam amarelos, mas isso não deve impedir que você lhes dê o mesmo tratamento que dá aos amarelos.

3. *Amarelos:* cada pessoa tem vinte e três, e são um pouco mais que amigos. São pessoas que você encontra e que mudam sua vida (em curto ou longo prazo). Afeto, abraços, carícias, dormir junto. Equilibram o afeto em sua vida, tiram o monopólio do relacionamento afetivo. Os amarelos ficam com 40% do contato físico.

4. *Namorados ou amantes:* continuam existindo, isso não muda, mas eles não têm mais o monopólio do contato físico. Têm que aprender a compartilhar e saber que agora 40% ficam com os amarelos. Isso não significa que o companheiro perde 60%, mas que, agora, você tem 140% de contato físico.

Em meu mundo ideal, o melhor seria transformar os amigos em amarelos, superar a barreira dos vinte e três.

12. E SE MEU NAMORADO NÃO ENTENDER QUE EU TENHA AMARELOS?

Toda mudança é complicada. Os ciúmes são normais. Como compreender que a pessoa que você ama durma com outras pessoas? Só compreendendo o conceito, compreendendo que nesse mundo é preciso ver os amarelos acordarem e dormirem.

Eu sei que poderia escrever uma centena de perguntas. Mas sempre aparecem doze nos manuais dos programas, as doze principais. Portanto, como eu disse, se a sua não estiver aqui, alegre-se; ela não é das típicas, é nova.

CONCLUSÕES SOBRE OS AMARELOS

'Para viver" chega ao fim... Este é um breve resumo do que você deve fazer para encontrar seus amarelos. Uma pequena lista que o guiará nesse novo mundo. Esse novo degrau rumo a seus amigos, essa nova forma de entender o mundo.

Faça isso e você mudará seu mundo.

1. FAÇA UMA LISTA DOS AMARELOS QUE VOCÊ ACHA QUE TEVE

Primeiro, recupere todos os amarelos. Sem saber, você deve ter tido quatro ou cinco que até o momento não sabia que o eram. Coloque-os em uma lista, mas não sofra por tê-los perdido; eles eram e são amarelos. Você pode até ligar para eles e lhes dizer isso.

2. PROCURE SUAS MARCAS AMARELAS

Pense na palavra beleza e faça uma lista das marcas. Elimine todas as que sejam marcas sexuais e amorosas. Essa lista é a base de tudo. Utilize fotos, imagens, cheiros e até a lista de amarelos que você já tem. Eles com certeza serão a base de suas marcas amarelas.

3. PROCURE AMARELOS E DEIXE QUE O ENCONTREM

Descubra quais são seus amarelos. Você pode encontrá-los no trabalho, na rua, em uma estação de trem. Deixe que entrem em você, e também entre neles. Só uma pergunta é necessária: quer ser meu amarelo?

4. CURTA SEUS AMARELOS

O fundamental é a conversa. Você vai notar como tudo flui de uma maneira incrível; como eles se abrem para você e como você se abre para eles. Deixe que a essência amarela o inunde. E, acima de tudo, aposte no contato físico, sem medo, sem ciúmes, sem nenhum tipo de vergonha.

5. PERCA-OS, MANTENHA-OS, RENOVE-OS

Depende de você. Eles podem ser amarelos para toda a vida, podem se transformar em amigos, em amantes, no que você quiser.

E lembre-se, os amarelos o renovam. Eles mudam você, então, a cada ano, tente voltar ao ponto 2 e buscar novamente suas marcas.

Especialmente, aproveite. A essência é essa. Aproveite.

Nada melhor que terminar com uma nova definição de amarelo:

AMARELO: Pessoa especial em nossa vida a quem acariciamos, abraçamos e com quem dormimos. Marca nossa vida e não precisa de tempo nem de manutenção. Existem vinte e três em nossa vida. As conversas com eles fazem com que melhoremos como pessoas e descubramos nossas carências. São o novo elo da amizade.

E DESCANSAR...

O FIM AMARELO

No seas tan loco. Sé educado. Sé correcto.
No bebas. No fumes. No tosas. No respires.
¡Ay sí, no respires! Dar el no a todos los "no"
y descansar: Morir.

— Gabriel Celaya

O FIM AMARELO

Embora tudo tenha versado sobre a vida, devia acabar, como fez Celaya, com o morrer.

Foi a lição que aprendi com o câncer. Perdi o medo de morrer, e isso é algo que achei que esqueceria quando começasse a viver sem câncer; mas ocorreu o contrário. Continuo sem ter medo da morte, e isso tem muito a ver com os anos de luta contra minha doença e com o contato tão continuado com a morte. Como já contei, muitos amigos meus morreram. Mas todos estão perto de mim, e 3,7 deles habitam dentro, bem dentro de mim.

Em muitas das palestras que faço as pessoas me perguntam como se perde o medo da morte. Como se consegue? É preciso passar por uma doença fatal? O que significa perder o medo da morte: ser mais ousado, ser mais impulsivo, não temer nada na vida?

As pessoas querem uma receita rápida: faça isso e vai perder o medo da morte. As receitas não existem. Existem as listas de conselhos, as listas de coisas possíveis de se fazer. Mas, como tudo, a pessoa deve interiorizá-las, acreditar que são verdade e, pouco a pouco, colocá-las em prática.

Nessas palestras costumo explicar a importância de se falar da morte. Não dá para perder o medo de algo se não se falar sobre isso. Você tem que pensar que a morte é algo natural, algo pelo qual você vai passar, algo não negativo.

A morte não é ruim. Ela sempre dignifica, sempre nos dá um fim.

Escrevi muitos roteiros, e a primeira coisa que comento com meus alunos é que, para ser um bom roteirista, é preciso saber como o filme vai acabar, qual será o fim. Com um bom fim é possível ter um bom filme. Se não souber nada do fim, se tiver medo dele, o filme pode não acabar. Muitas vezes me ocorreram finais que mereciam uma história; às vezes a encontramos e às vezes não. Mas sem um final não podemos fazer nada.

Na vida é a mesma coisa. Você tem que falar com naturalidade de seu final. Falar de sua morte e da morte das pessoas próximas.

Pode parecer complicado, mas, na realidade, é simples; basta pôr em prática. No hospital, os carecas falavam muito da morte; todos sabíamos que podíamos morrer logo, e isso nos dava vontade de falar a respeito. Saber como cada um lidaria com isso, saber como o outro queria morrer, saber o que pensaria de sua morte.

Sinto que meu coração se emociona quando falo disso; isso é bonito. Não devemos confundir emoção com tristeza. Sinto emoção, pois me causa alegria pensar naqueles garotos que morreram. Jamais senti compaixão ou tristeza por eles; não mereciam isso, não mereciam que suas lembranças estivessem relacionadas com nenhuma dessas duas palavras.

Algumas pessoas me dizem que não é fácil perguntar a alguém como quer morrer ou como deseja ser lembrado. Sempre lhes digo que o melhor é começar de longe e ir se aproximando. Eu adoro perguntar às pessoas com quem faço amizade a seguinte questão: Qual foi a morte que mais o afetou?

Essa única pergunta sobre a morte abre caminhos. Você descobre tantas e tantas coisas... No fim das contas, as pessoas falam de empregos que vão arrumar, de namorados que vão ter ou de viagens que vão fazer. E possivelmente elas não vão fazer essas viagens, não vão ter esses namorados e talvez não arranjem esses empregos. Mas com certeza vão morrer.

Por isso, falar da morte que mais nos doeu com certeza vai fazer com que falemos da morte que não superamos. As mais dolorosas são as que não aceitamos, as que mais recordamos.

O que você deve fazer quando alguém lhe fala de uma morte próxima e não superada? Simplesmente escute, pergunte muito e não faça mais nada. Aja como quando nos falam de uma viagem ou de uma nova experiência. E, acima de tudo, não sinta compaixão. Como é absurda a compaixão! Não serve absolutamente para nada.

Acho que a morte marca de um modo que é impossível à vida marcar. Existem pessoas cujo pai ou mãe morreu quando elas eram pequenas. Essas pessoas falam de sua mãe de uma maneira especial, isso as marcou e as obrigou a fazer coisas que talvez não fariam. Morrer é necessário para deixar um legado, é importante para fechar com chave de ouro.

Você deve pensar sempre na morte como algo bom. No fim das contas, as pessoas celebram a vida, celebram batizados, e também deveriam celebrar mortes próximas. Com isso, elas farão parte da lembrança, da dignificação.

Sei que alguém pode pensar que sou frívolo em relação à morte, que defendo que ela é bonita, mas que com certeza quem passou pela dolorosa morte de pessoas queridas não vê nada de bonito nela. Mas o que devemos recordar é que a morte em si não existe. Quando alguém morre, transforma-se na pessoa que conhecemos. Suas recordações perduram, sua vida se divide entre as pessoas que a conheceram. É como se ela se multiplicasse em muita gente.

Não relacione a morte com a dor. Não relacione a morte com perda. Relacione-a com a vida, relacione-a com um fim digno. Não pense que desaparecemos, não tenha medo de desaparecer. É algo que cedo ou tarde vai acontecer.

Acho que quanto mais falamos com nossos familiares e amigos sobre nossa própria morte, mais preparado todo mundo fica. E não estou falando de fazer testamento, mas pura e simplesmente de pedir coisas que gostaríamos que fizessem quando morrêssemos. No hospital, os carecas desejavam um monte de coisas. Por exemplo: que, quando alguém morresse, os que ficassem fossem a Nova York para assistir a um show de música. Desejos na morte, desejos preciosos que fui cumprindo. Desejos cheios de vida.

Quando escrevi *Tu vida en 65'*, filme dirigido por Maria Ripoll, quis ir ainda mais longe. O filme falava de um garoto que era tão feliz que não queria buscar mais, era tão feliz que fechava com chave de ouro. Não era um filme que fazia apologia do suicídio; era uma apologia da vida e da morte. Por que não podemos desejar morrer da mesma maneira que muita gente deseja viver? Por que quando se tem tudo na vida, quando já se alcançou uma felicidade extrema, é preciso buscar mais e mais? Esse era o fundamento do filme. Às vezes, temos e devemos ir aos extremos para que as pessoas se orientem.

Eu gostaria de morrer numa sexta-feira. Gosto das sextas-feiras: é dia de estreias no cinema e as pessoas costumam se sentir felizes. Quando pequeno, gostava especialmente porque às sextas-feiras meus pais iam me buscar no colégio, me davam um sanduíche de atum e íamos para Cardedeu, onde tínhamos uma casa de veraneio. No caminho sempre pegávamos congestionamento, e meu pai ligava o rádio; nesse cenário surgiram as primeiras canções que me emocionaram. Lembro especialmente quando ouvi "I Just Called to Say I Love You", do Stevie Wonder. Essa canção me fez parar de comer o sanduíche de atum, achei tão linda essa canção que fiquei abobado enquanto o barulho do pisca-pisca do carro se misturava com os trompetes e os violinos.

Eu gostaria de morrer numa sexta-feira porque às sextas-feiras aconteciam coisas tão lindas!

Você devia começar desejando uma data para morrer: um dia, uma estação, um lugar. Não é macabro, a morte não é macabra; abandonar este mundo não é macabro. Portanto, refletir sobre nossa morte é necessário e deveria ser obrigatório. No colégio deveria haver a matéria "Vida e morte". Não seria de humor negro, seria divertida, seria importante que desde pequenos tivéssemos contato com nosso final. Esse grande livro, *Uma grande lição*, dizia: "Aprenda a morrer e aprenderá a viver". Quero ir mais longe: pense em sua morte, pense em datas, pense nesse fim e poderá pensar em sua vida, em coisas que deseja fazer nesse mundo.

A morte é o fundamento do mundo amarelo. O mundo amarelo se baseia em saber o que podemos perder e ganhar. A vida trata disso: de perder e ganhar. Haverá épocas em que você só perderá, de modo que lembre que houve um tempo em que você só ganhou.

Para finalizar este capítulo, aqui vai uma pequena lista sobre a morte:

1. Pense na morte como algo positivo.
2. Fale com seus amigos sobre as mortes que os impactaram. Deixe que a conversa flua, esqueça a compaixão e o fato de que está abordando um tema tabu.
3. Quando alguém morrer e você for ao cemitério ou ao necrotério, não tente evitar falar da pessoa. Fale sobre ela, sobre seu relacionamento com ela. Esqueça as frases: "Meus pêsames", "Sinto muito". Busque frases que realmente definam sua morte. Não existe uma frase-padrão para um enterro, não utilize uma frase que não diz nada. Isso deve sair de você, talvez um detalhe da vida de quem morreu, talvez o que você sentiu ao saber de sua morte.
4. Ligue para os parentes e amigos depois da morte da pessoa querida. Sem medo, vinte e quatro horas depois, ligue, pergunte, fale sobre o que sentem; e continue fazendo perguntas durante o tempo que achar necessário. Com certeza eles vão falar do que mais os marcou na vida. Por que você acha que eles vão se incomodar de falar do que mais os marcou na vida?
5. Pense em sua própria morte. Pense no dia, na estação, na temperatura, no lugar, na pessoa com quem gostaria de estar. Não pense se quer ser cremado ou enterrado. Pense no momento, exatamente no momento, não no que vai vir depois.
6. Fale com seus amigos sobre esses detalhes. Explique a eles coisas que você gostaria que fizessem, coisas cheias de vida. Não coisas para fazer no aniversário de sua morte nem no cemitério, mas coisas que transbordem vida.

Houve um careca que me disse que, se um dia ele morresse e eu escrevesse um livro, ele gostaria que em algum momento aparecesse a palavra *pomelo* (toranja) no livro. Ele adorava toranja, achava que era a melhor fruta do mundo. Eu disse a ele que faria isso. Ele morreu um ano depois. Agora, vejo escrita a palavra *pomelo* e sinto que ele vive, que está em sua plenitude e que penetra você. Você pode imaginar um rosto, uns olhos, pode vê-lo comendo essa toranja. Alguém que nos faz sentir tanto pode estar morto?

7. Morra. Quando for, quando calhar. Não busque a morte, mas não tenha medo dela. O câncer me fez muitas vezes esbarrar com a morte, encontrá-la de frente. E esqueça seus medos: perder sua gente, perder suas coisas, perder o que você é. Na realidade, você não perde nada, absolutamente nada. Acredite, afaste o medo, afaste o pavor e olhe a palavra sem formalidade. Visualize-a, apenas isso.

EPÍLOGO

Isto chegou ao fim.

Eu me sinto bem.

Gosto do que contei, espero que você goste de lê-lo.

As últimas palavras fazem a viagem de minhas recordações de careca até estas páginas.

Obrigado, Eloy, por esse lindo prólogo. Acabo de recebê-lo e ele me tocou, me emocionou até o esôfago. Você me entusiasma.

Vejo a espessura do livro, vejo a cor amarela. Sinto que isso pode fluir e vai fluir.

Sem mais, vou indo. Espero que me encontrem.

E lembre-se: se acreditar nos sonhos, eles se criarão.

Albert Espinosa
Barcelona, agosto de 2007 (outubro de 2007)

Impresso no Brasil pelo Sistema Cameron da Divisão Gráfica da
DISTRIBUIDORA RECORD DE SERVIÇOS DE IMPRENSA S.A.